Indeterminacy of Memory

記憶の不確定性

松浦雄介 著

A Sociological Investigation

社　会　学　的　探　究

東信堂

はじめに

現代ミステリーの古典の一つ、セバスチアン・ジャプリゾの『シンデレラの罠』の扉のページには、つぎのような文章が載っている。「私がこれから物語る事件は、巧妙にしくまれた殺人事件です。私はその事件で探偵です。また証人です。また被害者です。そのうえ犯人なのです。私は四人全部なのです。いったい私は何者でしょう?」一人の人間が、これら四つの役割を同時に担うことが、どうして可能なのだろうか?

この作品のあらすじは以下のとおりである。億万長者の相続人ミシェールと、彼女の家のお手伝いさんの娘で、彼女の幼友達でもあったドムニカとが火事に遭い、一人が死ぬ。生き残った「私」は記憶を失っており、指紋や外見など、身元を判別するための身体的特徴もすべて焼失した。周囲の人々は彼女をミシェールと呼んでいる。しかし、後に「私」は自分がミシェールであることに疑いを抱き、ミシェールの後見人であるジャンヌによって、本当はドムニカであることを知らされる。ジャンヌの話によれば、火事は彼女とドムニカがミシェールを殺害するために計画したものであり、生き残ったドムニカはミシェールになりすまして遺産の相続を試みたのだった。周囲の人々は、「私」をミシェール本人だと思っているが、ジャンヌは、本当は「私」がドムニカであると言い、「私」はジャンヌの言うことを信じている。

しかしあるとき、二人の男性が現れ、「私」が本当はミシェールであると主張することから、ふたたび「私」のアイデンティティは揺らぎはじめる。一人はドムニカとジャンヌの計画を盗聴していた郵便局員であり、この男の話によれば、男から事前に二人の計画を知らされたミシェールが、逆にドムニカを殺したのだという。もう一人はドムニカの恋人であり、彼の話によれば、財産の所有者である叔母が遺産の相続者をミシェールからドムニカに変えるよう遺言書を書きかえたことを知ったミシェールがドムニカを殺害したのだという。これらの話を聞いた「私」は、自分がドムニカであるという確信を失い、ジャンヌは「私」がミシェールであることを知らないか、あるいは知っていて黙っているのかもしれないと疑う。こうして「私」は、自分が本当は誰なのかわからなくなる。物語の展開とともにさまざまな他者が現れ、異なる真実を語る。しだいに「私」＝ドムニカが抱えていた罪の意識は不安に変わってゆく。探偵小説を読むときに得られるはずの、秘められた真実の露呈がもたらすカタルシスは、何度も先送りにされる。

現代のミステリー小説と古典的な探偵小説とを見比べてみると，両者の探偵像が大きく違っていることに気づく。古典的な探偵小説における探偵とは、高い知性によってどんな難問をも解決する全知の存在であった。犯人は、社会生活のなかでみずからの正体を隠すために偽りの仮面をつける。そして探偵は天才的な推理によって犯人を見つけだし、秘められた過去の真実を明らかにしようとする。偽りのアイデンティティ（一般人という仮面）と真のアイデンティティ（犯人という素顔）との鋭い緊張関係が形づくるアイデンティティの危機が、探偵小説を駆動する。

しかしこのような名探偵は、このジャンルが「ミステリー」と呼ばれるようになるにつれてしだいに姿を消し、代わってごくふつうの一般人が登場し、探求をおこなうようになる。ミステリー小説における探偵は、もはや全知の主体ではなく、むしろ無知の主体である。主人公は真実を知らない。なんらかのきっかけから事件にかかわるようになった主人公は、その秘められた真実を明らかにするべく探求を開始する。『シンデレラの罠』の「私」は、まさにこの無知の主体の典型である。

今日のミステリー系の小説や映画において、記憶喪失は好んで用いられるモチーフの一つとなっている。古典的な探偵小説と同じく、これらの作品においても、アイデンティティの問題は全面的にかかわっている。しかしそれは、探偵小説におけるようなアイデンティティの危機とは違う。主人公は、記憶を失う前の過去の自分と、失った後の現在の自分という二つのアイデンティティをもっている。のみならず、記憶を失う前の主人公はさらにいくつかの役割を担っている。ここで主人公にとって問題となるのは、真のアイデンティティと偽りのアイデンティティとの葛藤ではなく、それら複数の役割のうち、どれが真のアイデンティティなのかを決めることができないことである。この役割の複数性がとりわけ問題となるのは、もちろん、主人公が「被害者」と「犯人」という二つの役割のあいだで揺れうごくときである。自分は事件の被害者なのだろうか？　それともその逆に犯人なのだろうか？　真実を解き明かしてくれるはずの記憶は失われており、現在の自分にとって過去の自分それ自体が謎となる。その謎を解くべく、現在の「私」が探偵役を担う。けれども、さまざまな人間がやってきては、たがいに食い違う証言をし、この探偵はそれらの証言に振りまわされる。ここから生じるアイデンティティの揺らぎこそが、ミステリー小説を駆動する。

ほとんどのミステリー作品では、失われた記憶が物語の最後近くで回復されるか、あるいは真相を知っている第三者がやってきて、すべてを説明することによって真実が明らかにされる。しかし、もしも記憶が回復されないままだとしたら、どうだろうか？　あるいは、真相を知っている他者が何人もいて、食い違う証言をし、どれが真実かを決めることができないとしたら？　あるいは、その謎にはそもそも答えがないとしたら？　ある謎に巻きこまれ、みずからの存在がその謎の解決にかかっているにもかかわらず、その謎は解決することができないような状況。しかし、それこそが、われわれを取りまく真のミステリーではないだろうか？

＊

記憶は自己をめぐる謎を解く鍵である。それは現在と過去とを結び、物事を時間的な連続性のなかに位置づけて理解することを可能にする。そして、自己の同一性を保証し、自分が何ものであるのかを教えてくれる。記憶は人間の精神生活および社会生活に多大な影響を及ぼしているが、その力もメカニズムも、まだ十分に解明されてはいない。

今日、記憶への社会的関心を高める最大のきっかけとなったのは、多重人格およびそれに付随して言われるようになった偽記憶症候群だろう。一人の人間のなかに、複数の人格が宿るという奇妙な現象がアメリカで気づかれるようになったのは今から二〇年ほど前のことだった。それらの現象を調べたところ、どうやら幼少期に近親者から受けた虐待のトラウマが原因となっているらしいということが判明した。ところが、さらによく調べてみると、虐待の事実などなく、むしろそれはセラピストとの会話をつうじて作りあげられた偽りの記憶 false memory である可能性が高いことがわかった……。

事の真偽は別として、この現象にたいする人々の関心は、突きつめれば記憶の外部性にあるように思われる。自己の内奥にあり、アイデンティティの源となるはずの記憶が、じつは外部のなんらかの存在によって作られ、操作され、書きかえられるということが、果たしてありうるのだろうか——この問いにたいする関心が、今日この現象への社会的関心を支えているように見える。記憶喪失をモチーフとする近年の小説や映画を見ていると、この印象はいっそう強くなる。そこでは、記憶を失った主人公が、さまざまな過程をへて、自分のアイデンティティが実はＣＩＡや企業組織によってつくられたものであることを発見する、という物語がたびたび繰りかえされる。学問分野においても然りである。記憶をめぐる近年の諸研究は、構築主義的なスタンスでなされるものが主流をなしているが、そこで共通の前提されているのも、やはり記憶の外部性である（詳しくは第１章を参照）。

このように、記憶を注意深く観察していくと、自己の内と外とがねじれてしまうような事態に直面する。これはたしかに、記憶をめぐる大きな謎である。しかし、本書で私が関心を持つのは、記憶の外部性ではなく、記憶の潜勢力である。もちろん記憶は外部から働きかけられ、書きかえられうるものであるが、しかしそれだけではなく、自己に働きかけ、自己を形づくる力をもつものでもある。しかもその働きについて、自己はほとんど意識していない。記憶のあり方の違いにおうじて、自己のあり方もさまざまに違ってくる。その意味で、自己の存在は記憶にかかっているのだが、しかしそれを十分に意識することは稀である。だから記憶は潜勢的な力である。この記憶の潜勢力は、現代社会の諸条件のなかでどのような様式をとって現れるのか、そしてそれにおうじて自己はどのような形態をとるのか——これが本書を導く問いである。

記憶は自己をめぐる謎を解く鍵である。しかしその鍵は、ときとして謎以上に謎めいている。そのような場合には、もはや謎を解くことはできない。けれども、そのような状況のなかでも、その謎がどのようなかたちをして、自分がそれにどのように巻きこまれているのかについて知ることはできる。そしてその認識をつうじて、あらたな生のスタイルが生みだされていくこともある。本書で取りあげたのは、このような謎のなかで生きられる生を追求した作家たちの作品である。そして本書が試みたのは、それらの作品の読解をつうじて、現代における謎のかたちを浮かびあがらせることである。

目　次／記憶の不確定性

記憶の不確定性——社会学的探究

時間の無限の系列を、すなわち分岐し、収斂し、並行する時間のめまぐるしく拡散する網目を信じていたのです。たがいに接近し、分岐し、交錯する、あるいは永久にすれ違いで終わる時間のこの網は、あらゆる可能性をはらんでいます。

L・ボルヘス

本質的なものは……まったく別の物語が同時に展開するとき、人物たちの同一性が揺らいで不確定なときに現れる。

G・ドゥルーズ

第1章 記憶と社会

1 危機から不確定性へ

(1) 危 機

小林秀雄の「故郷を失った文学」(一九三三)のなかに、つぎのような文がある。

いつだったか京都からの帰途瀧井孝作氏と同車した折だったが、何処かのトンネルを出たところ、窓越しにチラリと見えた山際の小径を眺めて瀧井氏が突然ひどく感動したので驚いた。あるいう山道をみると子供の頃の思い出が油然と湧いて来て胸一杯になる、云々と語るのを聞き乍ら、自分には田舎がわからぬと強く感じた。自分には田舎がわからぬと感じたのではない、自分には第一の故郷も、第二の故郷も、いやそもそも故郷という意味がわからぬと強く感じたのだ。思い出のない処に故郷はない。確乎たる環境が齎す確乎たる印象の数々が、つもりつもって作り上げた強い思い出を持った人でなければ、故郷という言葉の孕む健康な感動はわからないのであろう。そういうものは私の何処を捜しても見つからない。振り返ってみると、私の心なぞは年少の頃から、物事の限りない雑多と早すぎる変化のうちにいじめられて来たので、確乎たる事物に即して後年の強い思い出の内容をはぐくむ暇がなかったと言える。思い出はあるが現実的な内容がない。殆ど架空の味わいさえ感ずるのである。(中略)何等かの粉飾、粉飾と言って悪ければ意見とか批評とかいう主観上の細工をほどこさなければ、自分の思い出が一貫した物語の体をなさない……(小林［一九三三 一九六八：三一〜三二］)。

ここには、近代化にともなう記憶の欠落がアイデンティティの危機をひき起こすさまが、まざまざと示されている。伝統的な社会において、記憶は集団の歴史を保存し、個人の経験を時間的連続性のなかに統合し、それらをつうじて個人および集団の関係を維持する役割を担っていた。しかし近代になって工業化や都市化が進行すると、人々は生まれ育った土地および集団から離れたり、あるいは同じ場所に住み続けても街の風景が開発によって変化する。このような変化にともない、過去と現在とは、個人の生のなかで質的に異なるものとして分離するようになる。過去は、現在から遠く隔たり、忘却される。そしてまさに一度忘却を経ることによって、過去は生々しく想起されるようになる。たとえばプルーストの『見出された時』のなかには次のような一節がある。

回想は、忘却があるために、それ自身と現在の瞬間とのあいだに、どんな鎖をつなぐことも、どんな関係を結ぶこともできないで、その場所、その日づけにとどまって、谷の窪みや山頂の尖端に、その距離と孤立とを守ってきたとしても、突然新しい空気をわれわれに呼吸せしめることができる。……真の楽園は一度失われた楽園なのだ(プーレ［一九五〇］一九六九：四二五)。

過去が「楽園」となるのは、それが忘却によって「一度失われた」ものだからである。過去と現在とのあいだにある隔たりによって、過去は現在の直接的な影響によって侵食されることを免れ、純粋な回想の領域となる。現在のなかで疲弊した生は、過去という楽園に入り、回想する喜びに浸ることによって、ふたたび賦活される。

近代化にともなう過去と現在との質的な分離から派生してきた現象として、ノスタルジーとメランコリーとがある。ノスタルジーという語は、一七世紀末のスイスにおいて医学用語としてつくられた。故郷を遠く離れた者がいちじるしく衰弱する様子を診て、医師ヨハネス・ホッファーは「ノスタルジア」という語を発明した。当時はこの病で死亡する者までいたが、後に脱医療化され、生まれ育った時代や場所を懐かしむ態度一般を指す言葉として日常用語のなかに定着した(スタロビンスキー 一九六七↓細辻 一九八四:一〇二)。さきに引用した小林秀雄の文のなかで瀧井孝作が示しているのが、まさに今日われわれが考えるところのノスタルジーの典型だろう。メランコリーもまた、喪失にたいする悲哀の感情であり、当然そこには喪失の記憶がある。この言葉もまた、近代化によって故郷を喪失する苦しみをあらわす時代的な病として、ひろく浸透し、後に脱医療化され、日常用語となった(新宮:一九八九)(1)。

この面から見れば、近代化の過程は忘却と記憶の葛藤として表現することができる。すなわち、一方に社会環境の急激な変化がうながす忘却があり、それが過去という拘束から個人を解放する反面、自己の同一性や連続性を解体し、生の断片化をうながす。他方には、その忘却の力に抗して同一性や連続性を再構築し、生の全体性を回復しようとする記憶がある。時間の観点から見るならば、近代における個人の経験は、現在と過去との質的分離および忘却と記憶の葛藤によって、少なからず規定されていたと言える。

じっさい、近代のさまざまな傾向が、未来への進歩のために過去を否定した。工業化にともなう都市への人口集中および伝統的な村落共同体の崩壊、社会の諸領域における合理化の進行、人間および社会の直線的進歩を信じ、その前衛を自負するモダニズム、等々。これらの諸傾向が相俟って、過去を遺物ないし残滓として洗い流していった。一九世紀後半になり、記憶が学問的に研究されるようになったのは、このような背景においてであった。この時期以降、おもにロマン主義的な風潮のなかで、近代の忘却の力に抗するべく、過去を取りもどそうとする試みや、消えゆく伝統や文化を記録し、保存しようとする試みが相次いだ。たとえばベンヤミンは、この時代の代表的な記憶研究の成果であるベルクソンの『物質と記憶』を、ロマン主義とは一線を画すものとして評価しつつも、歴史的な観点の欠落をつぎのように批判している。「……彼（ベルクソン：引用者注）は、経験の歴史的な規定をすべて斥ける。こうすることで彼はとりわけ、そして本質的に、ある経験に肉薄するのを避けることになる……。その経験とはすなわち大工業時代の不毛で幻惑的な経験である」（ベンヤミン 一九三九＝一九九五：四二一〜四二二）。記憶の純粋理論を求めるよりも工業化がもたらす不毛で幻惑的な経験にあえて目をむけようとするベンヤミンの態度は、喪われたアウラの復活を望むよりも、複製技術の普及によるその消滅をあえて肯定する彼のもう一つ態度と通底している。

ここでベンヤミンとともに確認しておくべきことは、近代の諸学問における記憶の問いが、高度工業化という現実を背景として出現していたということである。ベンヤミンがこの文章を書いた時代、学問から大衆文化まで、伝統や歴史にたいするさまざまな社会的関心が高まり、近代の諸変化(工業化や複製技術の発達など)によって失われた記憶を取り戻し、生の全体性を回復しようとする試みがつづいた。そしてそれらはさまざまなかたちで政治的全体主義と結びつきもした。「不毛で幻惑的な経験」や「アウラの喪失」をあえて肯定しようとしたベンヤミンの選択には、明確な政治的抵抗の意図が込められていた。これとほぼおなじ時代、日本では、柳田国男と折口信夫の民俗学、九鬼周造の文化哲学、西田虎之助の民衆史、保田與重郎および小林秀雄の文芸批評などが、失われた伝統や文化の再発見へと向かっていた。それらは、工業化や都市化の進展にともなってあらたに登場した大衆という存在に集合的記憶を埋め込み、国民化する機能をもっていた(モーリス=鈴木 一九九八:四五)。博物館や美術館、歴史資料館などの建築も、近代の忘却の力に抗しようとする記憶への意志に支えられていた。

＊

壮大な歴史学の共同研究『記憶の場』を企画・編集したP・ノラがみずから書いた序文「記憶と歴史のはざまに」(一九八四)を読むとき、この記憶への意志が現代においても息づいているのがわかる。ノラは自然発生的な「記憶」と人工的に構築された「歴史(学)」とを対比させながら、前者が近代においてはもはや失われてしまったことをくりかえし強調する。全体的にこの序文はメランコリックなトーンに覆われており、この共同研究自体が記憶の喪失にたいする喪の作業として企図されたかのような印象すら受ける（ノラ　一九八四＝二〇〇三）。近代において記憶が問われたのは、近代化の普遍的な忘却の力に抗して、消えゆく記憶を保存するためである。それは、急激な社会変化によってかけがえのない過去が消滅してしまうという危機の意識に支えられていた。だからそれを記録し、保存して、消滅を防ごうとするさまざまな試みがおこなわれたのだった。

とはいえ、総じて見れば、今日の社会において過去の喪失を危機ととらえる傾向は、かつてほど強くないように見える。『終りの意識』のなかで、文学者のF・カーモードがつぎのように書いたのが、一九六七年のことである。

> 現代は非常な危機の時代である——科学技術の上でも、軍事的にも、文化的にも——という指摘を何かで目にしない日は、いまやほとんど一日もない。だから、それを読んでも、ただうなずいて、かくべつ心を乱されることもなく自分の仕事にとりかかるが、それもむりからぬことである。というのも、この主張は、……今日では、地球は円いという意見同様、驚くには当たらぬ主張だからである。そのような神話は、無批判に受け入れられて、予言同様、それを確認

するように未来にかたちを与えてしまう傾向があるというだけでも、こうした状況はいささか危険があるように私には思われる（カーモード 一九六七＝一九九一：一二一）。

この引用につづけてカーモードは「それにもかかわらず危機は、たとえその概念がどんなに安易なものであろうと、世界を意味づけようとするわれわれの努力の中心的要素であることは避けがたいことである」と言ってはいる。しかしここで重要なのは、この時代に、すでに「危機」という言葉が一種のクリシェとして受け取られていることである。

歴史家のA・コルバンは、フランスを例に、産業革命以降に発達した歴史意識が、六〇年代以降に廃れ、人々の時間の概念や時間の感覚そのものが変わったこと、それにともなって「『歴史』に代わって最近は『記憶』という言葉が盛んに使われ」るようになってきたことを指摘している（コルバン二〇〇三）。もちろん日本においても、事情はおおよそおなじである。小林秀雄が「故郷を失った文学」を書いた前後の時期、忘却を強いる近代の諸変化と、それに抵抗して記憶や歴史を取りもどそうとする試みとの葛藤は頂点に達していた。しかし、小林が示しているような切迫した危機感が、今日の人々の時間感覚を表しているとは言いにくいだろう。たとえば津島佑子がつぎのように書いたのが、一九七二年である。「〈時〉は昔から文学の主題にはちがいない。が、〈時〉の行き過ぎる速さを改めて慨嘆するには、あまりにも今の〈時〉は速すぎる」(津島［一九七二 一九七七：一四］)。変化が速すぎるために、その変化によって喪われたものへのノスタルジーを抱くことさえできない、という感覚は、小林秀雄と共通している。しかしここには、小林秀雄にあったような焦燥感がない。二人のあいだには、あるいは二つの時代のあいだには、「時間の概念や時間の感覚」の隔たりが少なからずある。その隔たりは、どのように言語化することができるだろうか？

(2)不確定性

J・バーガーは、さきに引用したカーモードの議論をもふまえながらつぎのように言っている。

近代は、何らかの最終的なカタストロフが差し迫っていると見なしたり、おそらくはそれを望みさえする危機の意識にとらわれていると、しばしば言われてきた。この危機の意識は無くなってはいないが、二〇世紀後半には別の意識と共存している。すなわち、最終的なカタストロフはすでに起こったのであり、危機は過ぎ去り(おそらくわれわれはそれがいつ蒸発したのか正確には気づいていないのだ)、われわれの時代の止むことのない活動——ほとんど識別不可能な災害が続くニュース——は、たんに停滞の複雑なかたちにすぎない、という意識と。フランク・カーモードが終焉の意識 a sense of an ending という点から分析した「終り」the End のヴィジョンは、しだいに終りの後 after the end というヴィジョンにとってかわられ、宗教とモダニズムの終末論的な感性はポスト終末論の感性に移行した(Berger 1999: xiii)。

決定的な変化は未来に起こるのではなく、過去にすでに起こってしまったのであり、さらに決定的なことには、その変化はわれわれの気づかないうちに起こってしまったのである。このようなポスト終末論の感性の例を、八〇年代以降の大衆文化のなかから容易に見つけることができる。たとえば『アキラ』や『風の谷のナウシカ』などの日本のマンガや『ブレードランナー』のようなハリウッド映画は、しばしば第三次世界大戦や核戦争などのカタストロフが起こった〝後〟の世界を舞台としている。それはまさに「ポスト終末論の感性」の一端を示している。

マンガや映画においては、カタストロフ後の廃墟のような世界で、多くの出来事が起こる。これらの大衆文化は、絶対的な終り――それは破局の時であると同時に救済の時である――を欲望するポスト終末論の感性に支えられている。しかしこの感性は、現実にはもはやなにも起こらない、ということをよく知ってもいる。現代は停滞の時代であり、そこではすべてがあらかじめ終わっている。おなじことが永遠に繰りかえされるだけであり、もはやなにもあたらしいことは起きない。

われわれは、現代に特徴的な感覚が危機とはちがっていると考える点でバーガーの主張に同意する。しかし現代において見られるのは、すべては過去に終わってしまい、現在にはなにも起こらず、未来にはなにもないという虚無の感覚だけではない。それとはちがう感覚もある。その一つとして、知らないあいだに過去になにかが起こり、そして知らないあいだにその影響が現在に流れこみ、作用をおよぼしているという感覚を挙げることができる。

例を挙げてみよう。現代文学を見わたすとき、しばしば主人公たちの記憶が欠落していることに気づく。後藤明生・古井由吉・村上春樹といった小説家たちの作品において、記憶は欠けていたり、意味不明な断片だけが思いだされたり、あるいはそもそも関心が払われなかったりする。そのため過去の人生は、自分で生きた時間でありながら、不確かなものと感じられる。

テネシー・ウィリアムスがこう書いている。過去と現在についてはこのとおり。未来については「おそらく」である、と。

しかし僕たちが歩んできた暗闇を振り返る時、そこにあるものもやはり不確かな「おそらく」でしかないように思える。僕たちがはっきりと知覚し得るものは現在という瞬間に過ぎぬわけだが、それとても僕たちの体をただすり抜けていくだけのことだ（村上［一九八〇］一九八三：一七三)。

このような記憶の欠落が、ときに主人公の生を生きにくいものとする。しかし注目すべきは、このような記憶の欠落があること以上に、そのことにたいする主人公の態度である。記憶の欠落は、小林秀雄が語ったような危機感を、主人公たちにもたらしてはいない。記憶の欠落は生活にさまざまな困難をもたらすが、しかしそのなかでもそれなりに生きられる。過去は現在の生に、主人公がよく意識しえないかたちで、影響をおよぼしている。それゆえ主人公は、自分自身の生でありながら、それについて十分には理解しえない。後藤明生・古井由吉・村上春樹といった小説家たちの作品において目指されているのは、そのような時間のなかで、みずからの生のスタイルを築くことであった。

あるいは現代文学のなかでも、記憶の欠落ではなく、充溢した記憶について書く作家もいる。たとえば津島佑子がそうである。津島佑子の小説には、さきに挙げた三人の作家の作品とはちがい、過去の記憶が明瞭に想起される場面が多く描かれる。過去の記憶は、主人公を取りまく環境のどんな変化にもかかわらず、持続する。さきの三人の作家が直面していたのが記憶の欠落であったのにたいし、津島佑子が直面するのはむしろ記憶の過剰である。だがその津島佑子でさえ、つぎのように言っている。

私自身もいつのまにか〈時〉の車輪に乗りこみ、そのスピードを楽しんでいる、が、同時に空腹感にも似た不安に襲われるのだ。こんなに速くて、自分はきっとなにかを見落としている、なにかを轢き殺している――。それで、私は窓から身を乗りだして、行き過ぎたところを見つめようとはじめる。なにをそこに見いだそうとしているのか自分でも見当がつかないのだが、それでも必ずなにか眼に留まるものがあるはずだという確信をもって（津島［一九七二］一九七七：一四）。

後藤明生・古井由吉・村上春樹になくて津島佑子にあるもの、それは過去をふりかえったときに見いだされるであろうなにか――それがなにかはわからないとしても――が存在することへの「確信」である。そしてこの確信は、過去の記憶が鮮明に想起されるにつれて強まってゆき、さらにまた強まった確信がいっそうの想起をうながす。

このような対照にもかかわらず、後藤明生・古井由吉・村上春樹における記憶の欠落と津島佑子における記憶の過剰とは、おなじ現代の傾向の表裏をなしている。それらは、過去から現在にいたる時間の一貫した流れが阻害され、過去がときには過大に、またときには過小に現在へ作用を及ぼすことからもたらされる生のゆらぎをあらわしている。このような過去からの作用による現在のゆらぎの感覚は、文学以外のさまざまな領域でも見られる。それはホロコーストや従軍慰安婦、歴史教科書などの戦争の記憶をめぐる問題の再燃、トラウマや偽記憶症候群への社会的な関心の高まり、小説や映画における記憶喪失ものの流行にいたるまで、現代社会の広範囲におよんでいる。コルバンの指摘するように、かつては人々を「歴史」へと向かわせた過去への関心が、今日では「記憶」という、より時間幅が短く、より移ろいやすく、より曖昧なものに向かっていること自体が、現代の不確定性の徴候といえるだろう。

本書では、この不確定性 indeterminacy の概念を、複数の因果系列の複合的な作用をつうじて生成するゆらぎ、として定義している。たがいに直接的な関係を持たず、独立した系列をなして存在している諸現象が、一つの網の目のなかで関係づけられることによって相互に規定しあう。一方の変化が他方の変化に影響を与え、さらにその変化が他の現象に影響を与え、そしてまわりまわってもとの現象が影響される。

このような不確定性は、時代や文化にかかわらず、つねに人間にはつきまとっている。つぎの三浦雅士の文章は、そのことを簡潔に示している。

人間は自覚する存在だが、同時にまた自覚しきれない存在であり、なぜなら自覚とは遅れ以外の何ものでもないからだ。何が起こったかはその後になってみなければ明らかになりはしない。そして、その後にはさらにその後が無限に続くのである。自覚しきれないということは、したがって、確定した過去などありえないということだ。だからこそ歴史が、すなわちあの不透明な出来事の奇怪な連鎖が成立するのであって、自覚とは偏差以外の何物でもない（三浦［一九八四］一九八九：二一七）。

出来事の意味は、それにつづく他の出来事が生起した後で、そこから振り返ることによって知ることができる。しかし、出来事は不断に生起する。ある出来事は、後続する出来事がどのような連鎖をなすかによって意味を変える。だから出来事の意味を完全に知ることは不可能である。

このような存在論的な次元で不確定性をとらえることも、もちろんできる。われわれも次章で、フロイトとベルクソンの記憶の理論を検討し、不確定性について原理的な考察をおこなっている。しかしわれわれの最終的な関心は、現代社会のなかで生きる個人が、この不確定性をどのように経験するか――現代の不確定性は個人の経験をどのように規定し、そして個人はそれとどのように向きあい、どのように生のスタイルを築くか――という点にある。この解明の手がかりとして、さきに挙げた四人の現代日本の小説家――後藤明生・古井由吉・村上春樹・津島佑子――の文学作品を取りあげて論じることにする。それらについては後述するとして、ここでは、本書の全体にかかわる不確定性の概念について、もうすこし明確にしておくことにしよう。

＊

近代社会は絶えざる変化を特徴としている。近代においては、絶えず新しいものが生み出され、新しい社会へと発展してゆくものとされてきた。このような変化には、しばしば危険がつきまとっていた。新しく生みだされるものが、人々や社会にとって良いものとはかぎらない。むしろそれは、人々や社会を混乱や崩壊の危険に晒すかもしれない――たとえば小林秀雄が故郷喪失にアイデンティティの危機を感じたように。このような危機は、社会全体の次元でも生じた。急激な変化によって引き起こされる崩壊の危険を危機とするならば、危機は近代社会にとってけっして例外状態ではない。むしろ、それを制御する方向で近代社会は編成されてきたのであり、その意味で危機は近代社会にとって内在的要素であった。

しかし、現代において顕在化しているのは、このような危機よりもむしろ不確定性である。そして、危機が近代社会にとってそうであったように、不確定性もまた現代社会の内在的要素である。ここで、危機と不確定性という二つの概念のちがいを明確にしておくのがよいだろう。喩えて言えば、危機と不確定性とのちがいは、急性病と慢性病のちがいに似ている。急性病＝危機は目に見えやすく、単一の原因が作用し、急激に症状が現れ、唐突な死にいたることも稀ではない。だからそれは治療によって主体の外部に排除されるし、それができない場合はその主体が排除される。急性病のばあい、病は健康の逸脱状態であり、死は生の彼岸にある。それにたいして慢性病＝不確定性は、外からは見えにくく、複数の要因が複合的に作用し、症状は長年にわたって続き、完全な回復はほとんどない。慢性病のばあい、健康と病は排他的な二項対立をなしてはおらず、死は生の内側にかかっている。近代社会が危機を主体の外に追いやろうとするのにたいし、現代社会は不確定性を主体の内において飼いならそうとする(2)。

本書において、この不確定性の概念は、現代社会の基本的な特性を表すものとして位置づけられており、それゆえそれは本書の全般にわたって中心的な位置を占める。どんな概念も、実際に使用されるなかでその意味が示されるものであり、本論にはいるまえに概念の抽象的な定義に拘泥しすぎることは得策ではないだろう。とはいえ、不確定性の概念にはいくつかの類似概念があり、議論の混乱を避けるために、ここである程度そのちがいを明確にしておくのがよいだろう。

不確定性の概念と似たものとして「再帰性」、「偶有性」、および「不確実性」などの概念がある。じっさいそれらの概念の意味は、少なからず重なっている。しかし、あえてちがいを強調するとすれば、不確定性の概念は、これらの概念とどのようにちがっているといえるだろうか?

①**再帰性** reflexivity: これは多くの社会理論家によって用いられているが、とりわけA・ギデンズが近代の根本特性として位置づけたことで知られるようになった概念である(ギデンズ 一九九〇=一九九三:五三〜六三)。再帰性は、構造と行為の二重の規定関係を表している。行為は構造に規定されて生起するが、その行為の結果が逆に構造を規定しなおす。不確定性もまた、このような二重の規定性にきわめて近いものを意味している。しかし、再帰性の理論における「構造」は、つねに単一のものとして想定されている(つねに 'structure' と単数形で書かれるように)。それにたいして不確定性の理論は、つねに複数の構造、複数の因果系列を想定しており、それらの相互作用をつうじて新たな行為が生成される。複数の構造が重層的に作用することによって、予測困難な行為が生じる。と同時に、その行為の生成をつうじて諸構造の関係もあらたに変わる。それゆえこの理論が意味するのは、二重の規定性というよりもむしろ二重の非規定性(=不確定性)である。

②**偶有性** contingency(3): これもやはり多くの社会理論家によって用いられるが、とりわけN・ルー

マンの名とともに知られるようになった概念である。偶有性は、行為選択の多様性をあらわしている。ある行為が他でもありえた可能性をもつとき、その行為は偶有的である。つぎの一文は、偶有性を理解するための好例である。「人は様々な可能性を抱いてこの世に生まれて来る。彼は科学者にもなれたろう、軍人にもなれたろう、小説家にもなれたろう、然し彼は彼以外のものにはなれなかった。これは驚く可き事実である」(小林 一九二九［一九六七：一四］)。偶有性は、行為選択の可能的な多様性をあらわす概念である。それにたいして不確定性は、因果関係の潜在的な多様性をあらわす概念である。複数の因果系列が潜在していることから新たな行為が生成することが、この概念の含意である。

③**不確実性 uncertainty**: これはおもに経済学や経営学などで論じられるものである。不確実性とは、状況の複雑さのために生じる、行為の結果の予測しがたさのことである。このような状況のなかで望ましくない結果をもたらす確率が高い要素がリスクである。不確実性理論の関心は、おもに現在および未来に向けられている。不透明な状況のなかで、いかに合理的に行為を選択し、リスクを制御するか、というのが基本的な問題関心である。それは合理的な行為選択を阻む現在および未来の不透明さにかかわっており、それゆえほとんど過去に関心をむけない。不

確定性の理論も不透明さにかかわるが、この不透明さは、現在および未来の状況の複雑さのためではなく、けっして現前しないが、潜在的な次元で作用しつづける過去の力のために生じる。過去は現在および未来に作用し、それらを規定する。しかしそれがどのように作用するかは、現在の行為をつうじてはじめてあきらかとなり、それに先だって知ることはできない。不確定性の理論における不透明さは、このような入り組んだ時間構造から生じる。

これら三つの概念との対照をつうじて、不確定性の含意をある程度、明確にできただろう。それは、構造と行為の二重の規定性ではなく諸構造と行為の二重の非規定性を、行為選択の可能的な多様性ではなく因果関係の潜在的な多様性を、現在と未来の複雑さから生じる不透明さではなく、潜在的な過去の作用から生じる不透明さを、含意している。

ここでこれ以上の概念規定をしても煩雑になるだけだろうから、これよりさきは本論のなかで具体的に例示してゆくことにする。次項では、この不確定性が現代において顕在化してきた社会的文脈について、論じることにしよう。

(3) 現代世界と時空の変容

近代社会において危機を顕在化させる社会的要因が工業化・都市化・モダニズムなどにあったとすれば、現代社会において不確定性を顕在化させる要因として、どのようなものが挙げられるだろうか。とくに重要と考えられる点として、つぎの三点を指摘することができるだろう。人・もの・金・情報のグローバルな移動と混交、情報ネットワークによる社会関係の再編、差異や多様性を肯定するポスト・モダニズム。これら三つの要素(だけではもちろんないが)が絡まりあって、いまやグローバルな世界が実現されつつある(4)。

都市化や工業化、モダニズムなどの近代の諸傾向は、空間にたいする時間の優位を共通の特徴としてもっていた。それらはすべて一方向的な発展の尺度を前提とし、その尺度のどこに位置するかで優劣が決められた。たとえば都市と地方との格差は、空間的な格差ではなく、どれだけ都市的生活様式を先取りしているかという時間的な格差であった。また、商業資本主義が二つの地点間の価値体系の格差から利潤を得ていたのにたいし、近代の産業資本主義は技術革新などにより新たな価値体系を創出し、時間を先取りすることによって利潤を得るシステムであった(柄谷［一九七八］一九九〇、岩井［一九八五］一九九二)。モダニズムが進歩主義の権化であることについては、多言を要しないだろう。近代における空間にたいする時間の優位を示す言葉として、「時間による空間の絶滅」というマルクスの言葉以上に強烈な言葉はない。資本主義か社会主義かという政治的立場、あるいは近代化論かマルクス主義かという理論的立場を問わず、あらゆる社会、あらゆる文化は、未来に向けて、一方向的な発展の過程を進むものと想定されていたのだった。

それにたいして、グローバル化や情報化、ポスト・モダニズムなどの現代の諸傾向は、時間にたいする空間の優位を特徴としている。と言ってもそれは、たんに中心と周縁（都市と地方、先進国と発展途上国、等々）との差異が意味を持つようになるというよりも、むしろそれらが一つの空間のなかで関係づけられ、相互に混交し、交錯するような事態にかかわっている。しばしばポスト・モダニズムと結びつけて語られる「大きな物語の終焉」——言うまでもなく、この「大きな物語」とは歴史の一方向的発展を語ったヘーゲル＝マルクス主義のことを指している——とは、この観点から言えば、時間優位の時代の終焉、あるいは時間優位の時代から空間優位の時代への移行のことを表していたと言えるだろう(5)。では、このような空間優位の時代に、時間はどのように経験されることになるのだろうか？

*

フランスの歴史家たちは、現代における時間感覚を「歴史の加速」という言葉で説明している（ノラ同上、ル・ゴフ一九九九)。歴史の速度が加速することによって自然発生的な記憶は消滅し、あるのは集合的記憶を操作的に形成・維持するための人工的な「記憶の場」ばかりである、と。しかしこの説明には空間の視点が抜けている。現在の時間感覚の変容は、たんに変化の速度が加速したことだけによるのではない。それと同時に、ローカルな諸文化の時間的パースペクティヴがグローバルな空間のなかで相互に交錯し、再編されることに由来している。それは歴史の分散というべき事態である。現代における時間感覚の変容については、空間との関連を抜きに語ることはできない。

じっさい、これまでの社会理論においても、たびたび近現代社会の根本的な特性の一つとして時間―空間関係の変容が指摘されてきた。それは「時間―空間の圧縮」(ハーヴェイ一九八九＝一九九九)や「時間と空間の分離」(ギデンズ一九九〇＝一九九三)などとして言いあらわされてきた。本書では、現代における時間と空間の変容を、個人の次元に焦点を定めて考察する。現代の不確定性を、巨大なシステムの観点からではなく、等身大の視線でとらえたならば、どのような世界の姿が見えてくるのだろうか？　そのもとで生きられる日常生活とはどのようなものなのだろうか？　それは人々の生、経験、行為、アイデンティティ、身体などに、どのような変化をもたらすのだろうか？　本書は、これらの問いに取りくむために、現代の文学作品における記憶と行為の関連に焦点をあてて考察することにする。次章でベルクソンにそくして述べるように、記憶は自由な行為を可能にする。

だが社会の諸変化は、記憶の円滑な働きをさまたげる。その結果、記憶は断片化し、行為の自由が損なわれる。しかしその不自由さ——記憶や行為の〝損なわれ方〟——には、現代の不確定性が刻印されている。それゆえ本書が試みるのは、四人の現代日本の小説家の作品を取りあげ、それらにおける記憶と行為の不確定性を解読することをつうじて、そこに示される現代性を示すことである。

現代における時間と空間の関係を日常的な次元における個人の記憶と行為の関係としてみたとき、それはどのように現れるのだろうか？　個人が記憶を想起するその仕方——記憶の様式——にはどのようなものがあり、そしてそれにともなって形成される個人の生のスタイルとはどのようなものだろうか？　現代社会の変化のなかで、人々はどのような「時間との新しい関わり方」（津島　一九八三　一九八八：四三八）を築きながら生きているのだろうか？

現代における主体の経験については、「脱中心化」「断片化」「多元的アイデンティティ」「フレキシブルな自己」といったかたちで、すでに多くのことが論じられている。しかし不思議なことに、それらの議論は時空間の変容という観点と結びつけて論じられることがない。言うまでもなく、主体・自己・アイデンティティはそれ自体であるわけではなく、時空間のなかに位置づけられてある。時空間に規定されず、あたかも真空の中に存在するかのような「主体」や、なにものにもとらわれない「浮遊するアイデンティティ」といったものが表象可能となったのも、まさに近代の時空間の変容の結果としてである。それゆえ、現代における主体の経験を、時空間の変容という観点からとらえなおすことが必要である。個人の記憶を対象とする記憶の社会学が成立しうるのは、ここにおいてである。

2　記憶・文学・社会

(1) 記憶の社会学

本書が対象とするのは個人的記憶である。日常生活における諸個人の記憶の様式を解明すること、そしてその様式に刻印された現代性を解読すること、これが本書の基本的なスタイルである。このような本書のスタイルは、既存の記憶研究のなかでどのようなところに位置づけられるのだろうか？

記憶の社会学という問題構成は、二〇世紀前半のM・アルヴァックスに始まっている(Halbwachs [1929] 1994; アルヴァックス 一九五〇＝一九八九)。しかし、八〇年代以降に研究が本格化するまで、その存在はほとんど忘却されていた。近年の社会学における記憶研究は、おもに集合的記憶 **collective memory** の研究を中心に展開され、そのなかでアルヴァックスも創始者としてさかんに言及されるようになった。この背景には、同時期に顕在化したグローバル化によって、国民国家をはじめとする既存の集団的カテゴリーがゆらぎはじめたこと、それにともなって、そのカテゴリーのもとに構成されていた集合的記憶の再審請求がなされ、ホロコーストや歴史教科書など、戦争の記憶にかかわるさまざまな問題があらたに問われるようになったことが挙げられる(モーリス=鈴木一九九八、Olick 1999b; Olick=Levy 1997)。集合的記憶研究は、民族・人種・宗教などの集団的カテゴリーを具体化する記憶がいかに歴史的・政治的文脈のなかでつくられるかを分析する。また、博物館や記念館、モニュメントなどの建築物や、儀礼、祝祭、記念行事、神話、象徴、文学、芸術などのかたちをとって表象される集団の記憶の研究も、集合的記憶論の主要な柱の一つである(浜二〇〇〇、今井二〇〇二、荻野二〇〇二)。

当初、社会学における記憶研究は集合的記憶のほうに傾き、個人的記憶 individual memory の研究は、それに少し遅れて始まった。その理由はおそらく、記憶の社会学がグローバル化を背景として隆盛し、国民国家をはじめとする諸集団の変容に関心を向けたためであり、また、そもそも個人的記憶は社会学ではなく哲学や心理学の問題だと考えられてきたためでもあると思われる。社会学で個人的記憶をとりあげた例外の一つが、G・H・ミードに始まる相互作用論的な系統の議論である(ミード一九二九=二〇〇一、片桐二〇〇三)。この系統の議論は、自己の記憶が他者との相互的な語りのなかで構築される過程に注目する。今日ではオーラル・ヒストリーやライフ・ヒストリー／ライフ・ストーリー、物語論など、個人の語りに焦点を当てるアプローチも数多く、それらのなかで個人的記憶について言及されることも少なくない。ここにおいても戦争の記憶の問題は、無視しえない大きな背景的要因の一つとなっている。ホロコーストや従軍慰安婦といった問題をめぐって、個人の記憶とどう向きあうかが問われた。集合的記憶と個人的記憶との関係、文書に記録された歴史資料にたいして口頭で語られた記憶や証言の価値、あるいは発話者間の発話の多層性など、さまざまな問題が喚起された（高橋 一九九五、ヨネヤマ 一九九六、上野 一九九八、岡 二〇〇〇）。

集合的記憶と個人的記憶のどちらを論じるにせよ、現在の記憶研究における一種のパラダイムとして広く共有されているのは構築主義の立場である。記憶の社会学における構築主義とは、以下の二点を主要な理論的前提として共有する立場を指している。

①**現在主義** presentism: 記憶は過去から現在へと連続的に存在するものではなく、たえず現在の観点から再構成される[6]。

②**共同想起** collective remembering: 記憶は個人の内面で想起されるよりも、集団のなかで、ある

いは他者とのあいだで構成される。これには二つの種類がある(Olick 1999a)。

I　集合的記憶論 collective memory: ある集団によって共有される記憶が、いかに政治的・歴史的・社会的文脈のなかで構成されるかを論じる。

II　個人的記憶の社会的フレーム論 social frame of individual memory: 個人の記憶がいかにその人の属する集団や他のメンバーとの相互作用をつうじて構成されるかを論じる(7)。

記憶の社会学的研究は、おおよそこの問題領域のなかでおこなわれている(8)。記憶は現在の観点から、他者との関係のなかで、言語によって語られることをつうじて再構成される、というのが構築主義的記憶研究の共通の前提である。現在・関係・言語を三位一体とするこのパースペクティヴの前提にあるのは、記憶の外部性(記憶は主体の内面に保存されているものではなく、社会環境によって構成される)という認識である。もちろん、社会環境が変わるにつれて記憶は不断に書きかえられるということは、このパースペクティヴにおいてもたびたび強調されている。しかし、それらの偶発的変化を取りのぞいてみたときの原因と結果、作用と被作用の関係は、固定的にとらえられており、社会環境(現在・関係・言語)が記憶を構成するという方程式じたいは変わらない。

記憶をこのようにとらえるとき、いくつかの難点が生じる。それについて、トラウマ的記憶と多重人格を例に論じてみよう。多重人格の原因としてあるのは、幼少期の近親者からの虐待の体験である。しかし近年、この現象がアメリカを中心に社会問題となったのは、多重人格を発症した者がセラピーをつうじて抑圧されていた過去の幼児虐待の記憶を想起し、虐待した近親者を裁判で訴えるが、しかし調べてみると、そのような事実はなかった、というケース（いわゆる偽記憶症候群）が相次いだためである（ハッキング 一九九八）。構築主義的な観点からは、幼児虐待の記憶は、セラピストとの語りをつうじて、あるいは生育環境のなかでさまざまな影響（周囲の人間やメディアとの接触など）をつうじて構成されたものだとされるだろう。このような説明が妥当するケースもあるだろう。しかしこのような説明で、トラウマ的記憶のすべてを理解できないのもたしかである。主な難点として、つぎの二点を指摘することができる。

第一に、記憶が現在の状況から構成されるとしても、それは無からつくりあげられるわけではない。現在が過去を構成するその仕方は、過去によって規定されている。現在を規定するものとしての過去を考慮に入れないかぎり、なぜそもそも記憶が構成されるのか、なぜ他のかたちではなく、ある特定のかたちで構成されるのか、過去を構成する現在の要因それ自体はどのように生じたのか、といったことがわからない。

第二に、現在の状況におうじて記憶が書きかえられるとしても、その書きかえられた記憶があらたに現在の〝原因〟として作用し始める(ハッキング一九九八：一一七、ジジェク一九九四：九〇)。たしかに記憶は現在の観点から再構成されるゆえ、現在に先立つものではなくむしろその結果である。しかしその再構成された記憶は、主体にとって一種の〝原因〟となって、現在の主体のありかたにさまざまな影響をおよぼす。ちょうど幼少期のトラウマ的体験がたとえつくられた幻想だとしても、それが主体に真だとされることによって、さまざまな症状を生みだすように(9)。このような事態がどうして可能なのかを、構築主義では十分に説明できない。

過去は現在によって構成される対象であるだけではなく、現在にさまざまな作用をおよぼす潜在的な力である。現在が過去を構成するその仕方は過去によって規定され、そしてまた現在が構成した過去はあらたに現在において作用しはじめる。人間の行為の複雑さと多様さとは、記憶の潜勢力に由来している。記憶は現在・関係・言語というフィルターをくぐって顕在化する他ないものだとしても、そのことは、記憶が現在・関係・言語によって構築されるだけの受動的な対象であるということを意味しない。むしろ潜在的な記憶は、重層的な作用をつうじて、現在・関係・言語のありかたを大きく規定しもする。

要するに、われわれにとって記憶は被説明要因であるよりもむしろ説明要因である。それゆえわれわれの問いは、記憶はいかに社会的に構築されるか、ではなく、記憶はわれわれの生にたいしてどのような働きを持っているか、われわれの経験や行為、アイデンティティ、身体などにどのような作用を及ぼすか、である。

しかし別の意味で、本書における記憶は被説明要因でもある。本書のもう一つの基本的な問いは、現代において記憶はどのような様式をもっているか、である。われわれの存在が、時間のあり方に大きく規定されていることは、これまで見てきたとおりである。そしてその時間のあり方は、歴史的・文化的に一様ではない。そのことは、異なる時代や異なる文化において時間がどのように表象されていたかを見ることによってあきらかとなる。古今東西の文化のさまざまな事例の紹介をつうじて、時間意識の歴史的・文化的多様性を教えてくれるのは、真木悠介の『時間の比較社会学』(一九八二)である。過去から現在をへて未来へと直線的に延びてゆき、時計によって数量的に計測される時間、これは現代のわれわれにとってもっとも一般的な時間感覚であるが、人類学的に見れば、それはまったく普遍的なものではない。地球上の諸文化における多様な時間表象のなかで、古代インドや古代ギリシャの円環的時間は、比較的よく知られているものの一つだろう。それ以外にも、じつに多様な時間表象がある。現在と過去とを区別する言葉を持たない北アメリカのホピ族、「時間」という言葉を持たないビルマのカチン族、自分が生まれ育った土地の山や川、泉や沼に、先祖の記憶が宿っていると考えるオーストラリア中部の原住民、未来の観念を持たず、時間を「進む」ものとしてではなく「退く」ものとして表象するアフリカのカムバ族やキクユ族、暦の長さが地方によってまちまちなアフリカのモシ族、自分の生まれた年も年齢も知らないピグミー、日常生活のなかの時間をすべて牧畜作業と関連づけて表現する「牛時計」(たとえば「乳搾りの時間に帰ってくるだろう」とか「仔牛たちが戻ってくる頃、出発するつもりだ」など)をもつスーダンのヌアー族やウガンダのアンコレ族、などなど。

　このような歴史的・文化的多様性は、『宗教生活の原初形態』におけるデュルケムの認識の正しさを再確認させてくれる。すなわち、時間とはけっしてわれわれの認識にア・プリオリに備わったカテゴリーではなく、社会生活の構造化されたリズムからつくりだされるものである。どんな文脈の特殊性にも左右されず、あらゆる現象を測定するものさしとなる抽象的・直線的・数量的な時間とは、近代以降の時間の物象化の産物である。時間の観点から見れば、近代化とは共同体内の社会生活と密着した時間から抽象的な時間への移行であり、そしてこの抽象的な時間のもとに社会生活全般が拘束される過程である。「時間の圧力が至るところで、生のスタイル(作風)を変質するのだ」(真木一九八一：二七八、強調原文)。われわれは、この言明に同意しつつ、つぎの二つのことを付け加えたいと思う。

　一つは、生のスタイルの変質は、時間の圧力によって一方的に強制されるだけのものではなく、主体によって能動的に遂行されるものだということ。そのことは、文学を見ればあきらかとなる。多くの文学作品が、この時間の圧力にたいしてどのように生のスタイルを築くかという問いを追及してきた。もしこの生のスタイルの形成が、たんに時間の圧力によって強制されるだけのものならば、作家や作品ごとの差異や多様性がどこから生じてくるのかわからない。

二つには、前近代から近代にかけて変容してきた時間表象は、近代から現代にかけて、さらに変わりつつあるということ。もちろん、近代を支配した抽象的・直線的・数量的な時間が、現代ではもはや支配的でなくなったというわけではない。けれども、人びとがその直線的な時間に拘束されるその度合いや仕方は、異なってきているように思われる。おそらく、時間と主体との関係が変わりつつある。そのことは、生きられる時間、すなわち記憶に焦点を当てて考察することによって、明らかにすることができるだろう。

記憶がどのような様式をもつかにおうじて、築きあげられる生のスタイルもさまざまである。にもかかわらず、それらを相互に対照させて見るとき、それらのあいだに共通する時代性を見出すことができる。本書の基本的な問いは、つぎの二つある。すなわち、記憶は生にどのような作用をもたらし、それにたいして個人はどのようなスタイルを築くか、という問いと、記憶の様式の解明から知られる現代性とはどのようなものか、という問い。本書は、このような問題設定の上に立脚している(10)。

(2)文学の社会学
文化的アイデンティティ

本書では、現代日本の四人の小説家の作品を手がかりに、現代における記憶の諸様式について考察する。文学作品を用いた社会学的研究は、これまでもなかったわけではないけれども、それほど多くなされてきたわけでもない。文学作品を研究の素材として用いることの妥当性・有効性については、しばしば多くの疑問が寄せられる。そこでこの節では、文学の社会学にしばしば寄せられる三つの疑問に応じるかたちで、本書の方法論的な位置づけを明確にしてゆくことにしよう。

第一の疑問は、文学作品を素材として用いることの意義についてである。なぜ他の媒体ではなく、あえて文学を選ぶのか？　現代世界における時間—空間の変容を解明することが目的ならば、それをうながす要因として誰もが口にする情報化がある。そしてたしかにそれは、われわれの記憶の様式を大きく変えつつある。あるいは、今日、文化のグローバル化を推進する主役は、文学のような〝高級文化〟ではなく、映画やマンガ、アニメのような大衆文化である。そしてそれらにおいても、記憶はしばしば主題化されている。記憶の混乱によるアイデンティティのゆらぎを扱った映画は数多くある。それらを研究したほうが、記憶の現代的様式を解明するという本書の趣旨に、より合っているのではないだろうか？　それなのに、なぜそのいずれでもなく、もはや〝終わった〟とさえも言われる小説を素材として用いるのだろうか？

それは文学が、文化的アイデンティティの問題にもっとも敏感なジャンルだったからである。本書における基本的な問題関心は、現代世界における時空間の変容を、主体の記憶と行為の関係の考察をつうじて捉えることである。それは文化的アイデンティティの問題と密接にかかわっている。今日、文化的アイデンティティの問題は、文化研究、ポスト・コロニアル研究、人類学などの諸分野でさかんに論じられている。対照的に、社会学を含めた社会諸科学が、全体的な傾向として、科学として普遍性や一般性を重視する結果、この問題を忘却しがちであったことは否めない。一般化可能な概念にあてはまらない差異は「特殊性」として括られ、あらたに分析の対象とされた。概念と、そこからこぼれ落ちるものとのあいだに立って、両者の隔たりについて思考し続けてきたのは、社会科学者よりも文学者だった。近年、文化的アイデンティティの問題について、もっとも鋭い問題提起をおこなってきたのはポスト・コロニアリズムであるが、その代表的な論者——たとえばE・サイードやG・スピヴァク、H・バーバたち——が、いずれも文学に携わっているのは偶然ではない。日本の優れた文学者や文芸批評家たちにも、現在のポスト・コロニアリズムに通じる認識が数多くある。それらの批評 critique の言説は、非西洋の人間にとって、近代西洋の表象の体系——社会科学もその一部をなす——に直面し、そのシステムに従属するかたちで表象可能な存在となるか、あるいはそれを拒否して沈黙するかの選択を強いられる危機 crisis から生じた。

だが問題は、近代の表象の体系によって文化的アイデンティティが忘却され、抑圧されてきた、あるいは構築され、生産されてきたということだけではない。今日の世界が直面する、もう一つの、より大きな問題は、はたして今日、そのような文化的アイデンティティがあるのか、ということである。近代日本の文学史においては、文学者たちが、文化的アイデンティティの問題に敏感になればなるほどナショナリズムに近づいていくというパターンが幾度となく繰りかえされてきた。今日のポスト・コロニアリズムの理論家たちは、先進諸国のヘゲモニーと結託した偽りの普遍主義を拒否すると同時に、文化的アイデンティティへの固執が文化相対主義に、ひいては文化本質主義につながり、ナショナリズムやローカリズムと結託することをも拒否する。これらは、文化的アイデンティティの帰属と所有をめぐる議論である。しかし、現在のグローバル化が顕在化させたのはもっと別のこと、すなわち、そもそものような確固たる文化的アイデンティティが存在するのかどうか、という問いである。今日、どんなローカルな文化も脱文脈化され、グローバルな空間のなかで位置と意味を変えながら流通させられ、そして再文脈化される。今日、文化的アイデンティティをめぐるどんな語りや身振りも、このグローバル化の力に促されてのことなのではないだろうか？　文化的アイデンティティを、固定した実体的なものとしてとらえることはできないのではないだろうか？　文学が消滅しつつあること自体、そのことの徴候なのではないだろうか？

したがって、周縁(ローカル)から中心(グローバル)を批判する議論には限界がある。周縁が脱文脈化され、中心において、あるいは別の周縁で、再文脈化されて流通する。あらゆる場所がグローバルな空間のなかで転位される結果、中心のなかに周縁が侵食し、周縁のなかに中心が介入する。このような事態をとらえるための概念装置としては、〈中心—周縁〉図式は十分なものではない。とすれば、それに代えてどのような概念装置が有効なのだろうか？　ローカルな文化的アイデンティティがグローバルに転位される現実を、文化の社会理論はどのようにとらえうるのだろうか？　近代をつうじて文化的アイデンティティの問題と取り組んできた文学は、これらの問いを問ううえで、貴重な思考の糧となる。これが本書で文学作品を素材として用いる理由である。

テクストとコンテクスト

文学の社会学に寄せられる第二の疑問は、文学の現実にたいする妥当性についてである。けっきょくのところ、文学はフィクションではないか？　フィクションの読解をつうじて導きだされた知見が、〝現実〟の社会にどこまで妥当するのだろうか？
もちろんフィクションは〝現実〟に直接対応するわけではない。しかしだからこそ、現実のさまざまな制約を超えて、問題を掘りさげて追求することができる。文学は、経験の曲がり角を越えて進み、そこから経験のほうに光を投げいれ、それを浮かびあがらせることを可能にする。ちょうど写真が知覚の無意識的な部分をも映しだすように、文学は経験の無意識的部分をも理解可能にする。文学の社会学にとって必要であり、また可能なことは、文学を歴史的・社会的現実に還元して理解することではなく、その逆に歴史的・社会的現実の無意識的部分を解読するためにこそ文学を読むことである(11)。

このようなスタンスから文学を社会学的に読むことの可能性を提示したのは、マルクス主義の批評家F・ジェイムソンの『政治的無意識』(一九八一)である。この書物でなされた文学テクストと歴史的コンテクストの関係をめぐる方法論的定式化はきわめて包括的であり、今日すでに古典と呼びうるものである(12)。そこでこの書物との対話をつうじて、本書の方法について、さらに詳しくのべることにしよう。

かつてのマルクス主義の文学理論は、あらゆる文学テクストを経済的下部構造の直接的な〝反映〟と見なして還元する反映論によって悪名高かったが、ジェイムソンは、文学テクストと歴史的コンテクストとの関係を、アルチュセールの構造的因果性の概念を使って定式化しなおしている。構造的因果性とは、アルチュセールが区別したつぎの三つの因果性のモデルの一つである(アルチュセール＝バリバール一九六八＝一九七四：二六九〜二七〇)。

①**機械的因果性**：これは、ある要素につづいて別の要素が恒常的に継起するとき、先行する要素を原因、後続する要素を結果とするモデルであり、哲学的にはデカルトに代表される。日常的に言われる「因果関係」はこれに相当し、近代科学が前提にしてきたのもこれである。

②**表出的因果性**：これは、要素と全体の関係を考えるためのモデルである。個々の要素は全体の媒介をつうじて相互に関連しあっている。各要素はそれぞれ異なっているが、それらはすべて同じ全体の表出である。また、全体は個々の要素に反映される「内的本質」としてあり、要素に還元されることはない。この因果性のモデルを展開したのは、ライプニッツおよびヘーゲルである。

③**構造的因果性**：これもまた、要素と全体の関係を考えるためのモデルであるが、構造的因果性における全体は、諸要素の外にある内的本質ではなく、諸要素の組み合わせ(構造)そのものである。構造は結果＝効果に内在する。どのような諸要素の組み合わせがどのような結果＝効果

を生むかを予測することはできず、結果=効果をつうじてのみ事後的に知られる。それゆえ究極的には、原因は結果を生み出すものというよりも、むしろ結果の結果である。このモデルを展開したのはスピノザであり、マルクスである。

機械的因果性は、たとえばマクルーハン的な技術決定論が前提にしているモデルである。また、複製技術の出現によるアウラの消滅をのべたベンヤミンの「複製技術時代における芸術作品」もまた、このモデルに含めることができる。表出的因果性は、それ自体は直接的には現前しないけれども、あらゆる現象に表出されている「時代」や「社会」といった全体概念を前提にするモデルである。構造的因果性と表出的因果性のちがいを具体的に述べることは容易ではないけれども、前者のポイントは、複数のシステムが存在し、それらが相互規定しあいながら独自に生成していくことである。複数のシステムを下位システムとして包摂し、統合するような全体的システムを想定すれば、それは表出的因果性と近くなる。しかし構造的因果性においては、そのような全体的システムはそれ自体としては存在せず、ただ複数の部分的システムの相互関係があるだけである。あるシステムS１が別のシステムS２に影響を与え、あらたに変化したS２がまた別のシステムS３に影響を与える、といった過程が繰りかえされ、めぐりめぐってもとのシステムS１に影響を与える。この影響の連鎖は、それぞれのシステムに、それぞれのかたちで生じる。どのような影響の連鎖からどのような出来事が生起するかを、出来事の生起に先立って決定することはできない。だから構造的因果性には、つねに予測不可能性がつきまとう。

アルチュセールは歴史を、構造的因果性の概念を使ってとらえなおした。たとえばルカーチやサルトルにとって、歴史とは主体（プロレタリア階級）の実践をつうじて最終的な目的＝ユートピアへ向けて発展するものである。それにたいしてアルチュセールにとって歴史とは、主体も目的もないものである。それがラカンの「現実界」およびスピノザの「不在の原因」などの諸概念から考えられていることからもわかるように[13]、アルチュセールにとって歴史とは、現に生起している個別の諸現象や諸領域の関係としてのみあるのであり、それゆえ歴史は個々の諸現象の外にそれ自体として存在するわけではないし、またそれを直接とらえることもできない。

このように歴史を考えるならば、文学を歴史に直接還元するアプローチも、その反対に歴史を一種のテクストと見なすアプローチも、ともに誤りである。歴史はテクストでも物語でもない。しかしそれは、不在の原因、あるいは現実界としてあるがゆえに、表象することができない。歴史がわれわれのもとに伝えられるのは、ただテクストや物語という形式においてのみである（ジェイムソン一九八九：四一、九八）。

このように、ジェイムソンは構造的因果性の概念によりながら文学テクストと歴史的コンテクストの関係を再定式化した。それにもかかわらず、けっきょくジェイムソンの議論は表出的因果性の概念に依拠しているように見える。彼はくりかえし、アルチュセールの真の攻撃対象は、表出的因果性(および、このタイプの理論が使う「媒介」の概念)ではなく、「直接性」の概念であり、この直接性の批判という点で、じつは構造的因果性と表出的因果性とはおなじである、と主張する(同上：四八～四九、五二)。

たしかに、表出的因果性と構造的因果性とは一見するところ似ている。表出的因果性は、さまざまな異なる対象が分立していること、それらはたがいに矛盾し、対立しあっていること、それゆえ対象を直接把握できないこと、を含意している。だから、個々の対象を媒介してゆくことをつうじて、諸対象の背後にあって見えないにもかかわらず、それらを関係づける全体性へたどり着く、というのが弁証法の論理であった。しかしマルクス主義においてこの媒介の論理は、一種の還元の論理に変質してしまった。すなわち、政治・文化・イデオロギー・宗教・科学等、上部構造における諸現象は、すべてその背後にある土台、すなわち生産様式によって決定されており、したがってあらゆる現象は土台に還元することによって分析できる、というような。このような論理が、かたちをかえた直接性の論理であることはあきらかである。もともと表出的因果性は、このような単純な論理ではない。ジェイムソンは、表出的因果性の本来の論理を思いおこさせることで、それを救済しようとする。

しかし、やはり表出的因果性と構造的因果性とを同一視することはできない。両者のちがいは「全体性」の概念をどうとらえるかにかかっている。両者は、全体性が直接性の次元においては現れず、不在のまま諸現象に作用していることを前提している点で共通している。しかし前者において全体性は、個別の現象に先立って、それとは別の次元に存在する。それにたいして後者において全体性は、個別の現象の連なりから浮かびあがってくるものであり、それゆえ個別の現象を離れては存在しない。

この全体性をめぐる理論的なちがいは、それだけでは抽象的なものだけれども、文学研究における文学テクストの外部（歴史や社会）のとらえ方という、より具体的な次元にもかかわってくる。ジェイムソンが想定している歴史とは「後期資本主義」であり、それは社会学者にも馴染みぶかい数多くの概念によって彩られている。

そうした用語（物象化・断片化・モナド化などの用語：引用者注）は、後期資本主義の社会的諸関係と、後期資本主義の文化的・文学的生産物内の形式的諸関係や言語構築物をそれぞれたがいに特徴づけるのに使えるだろう(同上：四九)。

私たちがまず最初におこなうべきことは、二つの領分、二つの部門のあいだに連続性を確保してやることだろう——文学作品における言語実践と、《環境世界》すなわち日常生活の世界における《アノミー》、標準化、合理化による聖性喪失などの体験、この両者のあいだにつながりをつけてやること。そうすることで、社会的体験のほうが確定的状況、ジレンマ、矛盾、サブテクストとなって、これを背景にして文学作品の言語実践が象徴的解決として生まれたことも理解できるのである(同上：五〇)。

後期資本主義における社会的現実は、物象化・断片化・モナド化・アノミー・標準化・合理化・私化といったさまざまな矛盾やジレンマを抱えており、文学テクストとは、これらの現実的な矛盾やジレンマを象徴的あるいは想像的に解決するものである。ここからわかるように、ジェイムソンにおける歴史の輪郭は、個々の文学テクストの解釈に先立って、すでに決められている。個々の文学テクストは多様であり、その解釈も人によってまちまちであるように見える。しかし、そのような多様性は表面的なものにすぎず、適切な解釈を施してゆけば、かならず後期資本主義におけるさまざまな矛盾やジレンマが浮かびあがってくる。したがって文学テクストを解釈するとは、「後期資本主義」という最終的で乗りこえ不可能な解釈コードに沿って個々のテクストを書きかえてゆくこととされる。

構造的因果性のモデルで考えるかぎり、テクストと歴史とは、共約することもできないが、かといって分離することもできない、入り組んだ関係にあるはずである。すなわち、まず歴史があって、そのなかでテクストが書かれたり読まれたりするのではなく、テクスト読解をつうじて「不在の原因」である歴史が遡及的に決定される。しかしジェイムソンにおいて歴史は、あたかもそのなかでテクストが書かれる〝外枠〟のようなものとして、分離されてしまっている。だから解釈という行為は一方の次元(テクスト)から他方の次元(歴史)に還元するという作業にひとしくなる。それが通常の還元主義とちがうのは、複雑な媒介の作業を経ることで、直接的な還元を免れている点である。構造的因果性の概念による方法論的再定式化にもかかわらず、ジェイムソンの議論はけっきょくのところ表出的因果性の概念に依拠しているのである。

さらに具体的に言おう。たとえば日本の小説が論じられるとき、「後期資本主義」という概念が使われることはほとんどない。それはなぜだろうか？　日本社会が「後期資本主義」と呼ばれる社会経済システムに属していないからだろうか？　この問いの答えは、「後期資本主義」という概念を、とりわけ「後期」lateという語をどのように理解するかによる。このばあい、「後期」とは時間の早い遅いを表す尺度だろうか？　それともそれは社会の発展段階を表しているのだろうか？　どちらの場合にせよ、それはなにを基準にしていうのだろうか？　この点にかんして、インドの歴史家D・チャクラバルティはつぎのように述べている。

「後期」なる語は、当てはめられる対象がすでに発展を遂げた国か、依然として「発展途上」にあるとみなされている国かによって、およそ異なった意味あいを帯びるものである。「後期資本主義」という用語は、地球上の残りの世界に与える影響は否定しないにせよ、すでに発展を遂げた資本主義世界にもっぱら属すると理解されている事象にあてはめられる名辞なのである（チャクラバルティ二〇〇〇：一五）。

ここでチャクラバルティは、「後期」という語を発展段階の意味でとらえている。この意味においてなら、日本社会は後期資本主義のシステムに属しているといってよいかもしれない。だがこの語を時間の尺度として解するならば、判断は微妙になる。たとえばイギリスが初期資本主義の時期にあったとき、日本はまだそうではなかったし、前者が中期の段階に入った頃に、日本はその初期から中期に至るまでの変化を急速にたどった。これと似たようなことは、日本以外の非西洋諸国においても——異なる速度で——起こった。資本主義への移行の速度は各国・各地域で一律ではないが、「後期」という語が時間の尺度として使われるとき、ほとんどの場合、西洋の例が基準とされている。おそらく、現代日本の文学作品を説明する概念として「後期資本主義」という語が〝リアル〟に響かない理由の一つは、ここにある。

「後期資本主義」に代えて「高度近代」**high modernity**・「後期近代」**late modernity**・「ポスト近代」**post modernity**などの別のコンテクスト概念を導入したとしても、それらを最終的な(最新の)歴史の発展段階と考えるならば、やはり問題は変わらない。問題は、これらの概念が含意する時間性にある。現代世界の変化が、時間—空間関係の変容にあることはさきに言った。これをもうすこし限定して言えば、この変化は、時間にたいする空間の優位として現れる。さまざまな速度で変化する諸社会、さまざまな持続としてある諸文化が、同時的に共存し、相互作用しあうことによって出来事が生起してゆき、それにともなって時間も変容する。グローバルな空間としてある現代世界のなかでは、どのような時間も絶対的なものではありえない。そしてテクストを生み出し、理解可能にするコンテクストも一つではありえない。どのようなテクストにたいしても、いくつものコンテクストを設定しうるし、コンテクストのとり方しだいでその意味内容を変える。テクストをコンテクストに直接的に還元することができないのは、テクストからコンテクストに至る道が一つではないからである。コンテクストを参照しつつテクストを読むとき、じつはテクスト以上にコンテクストのほうが問題なのだ。テクストはコンテクストを解読するためのコンテクストであり、コンテクストはテクストをつうじて解読されるべきテクストである。

このコンテクストの多義性は、フロイトが夢や症状の解釈のさいに直面したのとおなじ問題である。フロイトによれば、夢や症状といった無意識の産物は、しばしば複数の要因の重層的決定をつうじて現れる(フロイト 一八九〇＝一九六八：四六七、一九一七＝一九七一：一四一)。その結果、それらの現象の意味は、複数の意味をもち、多様に解釈されうる。それらのうちのどれかが最終的な解釈なのではなく、あらゆる解釈は、つねに別様に解釈される可能性を否定できない(同上 一九六八：二三二〜二三三)。言うまでもなく、この夢や症状と無意識の関係は、テクストとコンテクストの関係と相同的である。

あるテクストは、倫理主義的にも読みうるし、歴史主義的にも読みうる。精神分析的にも読みうるし、フェミニズム的にも読みうる。脱構築することもできる。もちろんマルクス主義的に読むこともできる。テクストはつねに多様な解釈が可能である、というのは、これまで何度も繰りかえされてきたテーゼである。ジェイムソンがあえてマルクス主義の解釈枠組み(「後期資本主義」)を絶対化するのは無気力な相対主義が「多元主義」として肯定される傾向への異議申し立てとしてである。しかしこの解釈の相対主義＝多元主義が問題なのは、絶対的な理論的フレームによって多様な解釈を統一するところまで押しすすめないからではなく、解釈の可能性を疑うことがないからである。多様な解釈が可能なのは、ほんとうは解釈が不可能だからである。テクストと歴史的・社会的コンテクストのあいだには、どんな理論的フレームを使っても埋められない隔たりがある。この隔たりが、多様な解釈を可能にするのである。「一冊の本がどこから生まれてくるのか、誰にも言えはしない」（オースター 二〇〇二：六四）。

フロイトは、夢には「へそ」があると言っている。どんなに見事な解釈によって、夢の内容に隠された夢の思想を明らかにしえたとしても、どうしても解釈しきれない部分が残ることがある。それが「夢のへそ」である（フロイト 一八九〇＝一九六八：四三二）。それゆえ最終的・絶対的な解釈というものは、この夢のへそによって阻まれている。「不在の原因」あるいは「現実界」としての歴史とは、この「へそ」にかかわるものだろう。歴史とは、テクストでもコンテクストでもなく、むしろそれらをある仕方で結びつける動的な力であり、それゆえそれはテクストにもコンテクストにも完全に現れることはない。精神分析の概念の援用にもかかわらず、ジェイムソンの議論にはこの「へそ」が欠けている。それゆえ戯画的な精神分析があらゆる現象の背後にエディプスを見出すように、ジェイムソンはあらゆるテクストの背後に後期資本主義の論理を見出しうると考えるのである。

テクストを理解可能にするコンテクストは、ひとつではなく、いくつもありうる。誤読というディスコミュニケーションが生じるのは、多様なコンテクストをひとつのものに還元し、意味を確定することができないからである。ここには、次章で述べた「フレーム問題」とおなじかたちの問題がある。これまで、このコンテクストの多様性を還元しうる普遍的なフレームを構築しようとするさまざまな試みがなされてきた。ハーバマスのコミュニケーション論はその一例であるし、ジェイムソンも、歴史の最終審級における乗りこえ不可能性を言うとき、そのようなフレームを設定している。これらは、理念的なフレームを設定することによって混乱を解決し、理想的なコミュニケーションを実現しようとするアプローチである。ここでわれわれがとるのは、これとは別のアプローチである。ロボットを立ちどまらせるフレーム問題は、人間をも立ちどまらせるとはかぎらない。正しいコミュニケーションのありかたから外れながら、にもかかわらず完全なディスコミュニケーションには陥らず、それなりに展開されるコミュニケーションがある。むしろ日常生活においては、そのようなコミュニケーションのほうが多いだろう。それは、その不純さ、曖昧さ、不透明性、非一貫性、非包括性にもかかわらず、日常生活のなかで直面する問題にたいしてなされる、一種の遂行的解決である。理念的フレームを設定しようとする欲望は、このコミュニケーションの不完全性を否定し、完全なコミュニケーションを実現しようとする理論的ピューリタニズムのものである。われわれは、完全な解決を理念的にもとめるよりも、日常生活においてつねにすでになされている不完全な解決を解明することに努めよう。ヴィトゲンシュタインが言ったように、問題は、論理的に解決されるのではなく、ただそれを生み出した生活形式が変わったときにのみ、解消されるのだから(14)。

特異性と普遍性

文学の社会学によく寄せられる最後の疑問は、取りあげられる作品の代表性あるいは一般性についてである。一人ないし何人かの作家の、一つないしいくつかの作品から導きだされた知見が同時代の社会にたいしてどれだけ代表性をもつのか？　それは他の諸現象にたいしてどれだけ一般化できるのか？

もしも表出的因果性の前提に立つならば、これらの問いには意味がある。この前提によれば、個々の作品は、なんらかのかたちで全体(同時代の社会)を表出＝代表しており、それゆえ全体をもっともよく表出している作品はどれか、という問いを問いうるからであり、じっさい、古典的マルクス主義はそのようにした。古典的マルクス主義にとって文学は社会的現実を反映する「鏡」であり、それゆえある文学作品は、どれだけ正しく現実を映しているか、によってその価値を評価された。しかし、「鏡」という比喩にはいささか問題がある。表出される全体が一つとはかぎらないのだから。全体的文脈の複数性、テクストのコンテクストへの直接的還元の不可能性を念頭に置くならば――われわれが表出的因果性と構造的因果性の類似性よりもちがいを重視したのはこれらのためだった――、文学を社会の「鏡」と考えることはできない。文学の社会学が照準に据えるのは、文学テクストの代表性や一般性ではなく、特異性や個別性である。

代表性や一般性よりも特異性や個別性を重視することは、全体を無視することを意味しない。全体を無視して特異性や個別性を追求すれば、木を見て森を見ないことになる。あらゆる特異性や個別性を全体の反映と見なしてそこに還元すれば、森を見て木を見ないことになる。大切なのは、「部分としての樹の細部を見ることによって、森全体の構造を考え」ること(後藤一九八七：一一二)、すなわち特異性や個別性の解明をつうじて、全体のあらたな側面を引きだしてゆくことである。特異性や個別性は、全体と無縁にあるものではなく、逆にそれに関係づけられることによって際立つ。本書における不確定性の概念は、現代性の原理として位置づけられており、個々の作家の個別性や特異性は、この概念に照らしてあきらかとなる。

文学研究、あるいは広く文化研究においては、事象の特異性や個別性の追求をつうじて普遍性にいたるということは、よく言われることである。だがこれは、文学的なレトリックでもなければ、神秘的なパラドックスでもない。さきにのべたように、ミクロな日常生活は、マクロな社会システムの一部をなす部分領域としてのみ見る見方は不十分である。注意深く眺めるならば、前者には後者に勝るとも劣らない複雑さがある。ちょうど顕微鏡の精度を上げるほど、ミクロな世界の複雑さが見えてくるように、理論の精度をあげるならば、日常生活世界の複雑さが見えてくる。そしてその複雑さゆえに、人間の生はどんなシステムによっても汲みつくしえない豊穣さをもっている。そこにアプローチするためには、焦点を絞り、理論の精度をあげることが必要である。

ある箇所で、津島佑子が「ひとつの出来事、ひとつの場所、ひとりの人物について徹底してあらゆる方面から眺めてみることで、案外、魔法の紐のような〝時間〟を、少しもその多様性を損なうことなく、作品のなかにとらえることができるのではないか」とのべている(津島［一九七四］一九七七：二九)。本書が目指すのは、正確にこれとおなじことである。すなわち、一人ひとりの作家の作品を読解することをつうじて、「多面体の時間」(津島［一九七四］一九七七：二九)をとらえること。特異性や個別性から普遍性にいたる回路とは、この多面体の時間にほかならない。

＊

本書では、現代における不確定性の諸相について示すために、フロイトとベルクソンの理論をおもな導きの糸としながら、後藤明生・古井由吉・村上春樹・津島佑子という四人の現代日本の作家を取りあげている。フロイトとベルクソンはともに、不確定性の経験――多様な因果系列の複合的な作用によって生成するゆらぎ――について、決定的な理論を展開した。それらの理論については第2章で考察される。つづいて第3章以下では、第2章での理論的考察をふまえて、四人の作家の作品を読解してゆく。

本書においてフロイトとベルクソンの理論は、あらゆる文学作品がそこに一義的に還元される絶対的な解釈フレームであるわけではない。それらは、読解を方向づけ、思考を展開してゆくための起点である。文学は、理論によって解読されるのを待つだけの受動的な素材ではなく、既存の理論を逆照射し、あらたな理論的考察へと導きうる力をもっている。それゆえ文学の社会学にとって必要なことは、文学との〝対話〟である(井上一九八一、Cassegård 2001)。

また、本書で取り上げる作家は、他のどの作家にもまして現代を代表しているというわけではない。これらの作家は、それぞれに特異なかたちで、現代における不確定性に直面しながら、記憶の様式と生のスタイルを示している。それらの特異性が織りなす網の目をつうじて、現代の不確定性の陰影を浮かびあがらせることができるだろう。もちろん網の目はこの四人で閉じているわけではない。この四人以外の組み合わせを選んでべつの網の目をつくることも可能だろうし、それにおうじて浮かびあがる陰影もおなじではないだろう。にもかかわらず、現代の諸特性を真に捉えることができるのは、多様な事象を一般化することによってではなく、特異性や個別性に目をむけることによってである。ちょうど慢性病において、いくつかの症状を組み合わせることから病気の種類を判定するように、個々の作家の特異性を相互に組み合わせることをつうじて、われわれは、現代社会における記憶のありようを知ることができるだろう。本書では、不確定性を顕在化させる社会的要因よりも、不確定性のもとで生きられる主体の経験に焦点を当てている。それはいわば、病因学的ではなく、症候学的手法である。通常、病気の診断は、なんらかの症状を見ることをつうじてなされる。慢性病のばあい、症状と病気を一対一対応させることは難しく、たいていのばあい、いくつかの症状の組み合わせから病気の種類を判定することになる。社会の構造的な変化もまた、これとおなじではないだろうか。それは目に見えにくく、意識されにくく、いくつもの要因が複合的に関与し、そして持続的である。それが危機ほどには危機的でないとは、けっして言えないのである。

第2章 記憶の不確定性
――フロイトとベルクソン――

はじめに

近代において記憶の問題が考察されるようになったのは一九世紀後半以降のことである。代表的な記憶の理論は、フロイトとベルクソンによってもたらされた。今日においても、それらは記憶についての二つの決定的な理論でありつづけている。もちろんこれら以外にも、脳科学や細胞科学、認知科学などの諸分野においても記憶は研究されている。しかし、それら諸科学があつかうのは、限定された意味での記憶である。それらは科学的な方法にもとづいて記憶を対象化し、研究する。しかし、まさにその方法的な制約のために、記憶という多面的な現象の少なからぬ部分がそぎ落とされてしまう。たしかに記憶には、実験によって解明される性質のものもある。しかし、そうでない性質のものもある。たとえばわれわれは、幼児期の経験をほとんど忘れている。われわれが意識的に遡行することによって到達できるのは、せいぜい自我が確立されて以降の記憶であり、それ以前の時期の記憶は、ほとんど忘れられている。この忘却をフロイトは「幼児期健忘」infantile amnesiaと呼んだ。また、われわれは、何気なく感じた花の香りや食べ物の味がきっかけとなって、過去の記憶がつぎつぎに甦ってくる、という経験をすることがある。ベルクソンはこのような記憶を「自発的記憶」souvenir spontanéと呼んだ。これらの記憶を、実験的な方法によって検証するのは容易ではない。それゆえこのような記憶にいたるための一種独特の方法として、フロイトは「(精神)分析」を、ベルクソンは「直観」を導入した。

フロイトとベルクソンの功績は、経験諸科学が方法的制約のために排除してしまうこれらの記憶に目を向けたことにあるだけではない。記憶は、経験諸科学においては学習のメカニズムにかかわる認知的な作用と見なされている。他方、文学においては過去の回想や追憶にかかわる想像的な作用と見なされている。いずれにしても、記憶は意識や精神の領域にかかわるものと見なされている。しかし、記憶はそのような内面的な領域にとどまらず、われわれの日常生活における経験や行為と密接にかかわり、さまざまな作用をもたらしている。このことをあきらかにしたところにフロイトとベルクソンの功績がある。一般的には両者とも、非—社会的な思想家と見られている——前者は「無意識」の思想家として、後者は「精神」の思想家として。しかし、両者の理論こそが、社会生活における経験や行為におよぼす記憶の作用を問うことを可能にしたのである。記憶を特定の部位に還元し、そこにおける記憶のメカニズムを解明するという発想によっては、身体によって営まれるわれわれの生の諸相に、記憶がどのようにかかわり、どのような作用をおよぼすかという問題はいっこうにわからない。フロイトとベルクソンの記憶論の決定的な重要性は、このような問題領域を切り拓いたところにある。この問題領域の変更とともに、記憶のとらえ方も大きく変わることになった。記憶とは、過去と現在とのあいだを因果的に確定して事物の同一性を固定するものではなく、不断に現在にはたらきかけると同時に現在からはたらきかける不確定なものである。本章の目的は、この二つの記憶の理論を、現代の理論的な文脈のなかでとらえなおすことをつうじて、この点をあきらかにすることである。

1　再認と想起

記憶は、現在の事象をなんらかの時間的なパースペクティヴに位置づけ、それを因果的に理解可能にする。それゆえ記憶は因果性にかかわっている。さまざまな分野で論じられている記憶は、この因果性という観点から見て、二種類のモデルに区別することができる。

第一のモデルは「再認」recognition である。再認とは、現在の経験を、それと類似した過去の経験の記憶と連合させることである。柔らかい蝋に硬いものを押しつけると、その跡が残る。それと同様に、記憶もまた、身体のある特定の部位に現在の知覚物が刻印され、記憶痕跡(engram ないし trace)として残る。あたらしい事物が知覚されると、過去の記憶痕跡のなかから、それに類似した部分が刺激され、両者が連合されることによって再認が生じる(15)。脳科学や細胞科学、認知科学などの諸科学が研究するのはこの種の記憶であり、これはしばしば記憶の局在説(記憶は身体の特定の部位に保存されるという説)につながる。記憶のメカニズムを、解剖学は脳の特定部位(海馬など)に、生理学はシナプスに、生化学は分子構造(たんぱく質など)に、遺伝学は遺伝子(RNA)に求める(塚原一九八七、二木一九八九)。

第二のモデルは「想起」remembering である。なにか些細なことがきっかけとなって、遠い過去のさまざまな光景がパノラマのように甦ってくるような経験がある。このような記憶が想起の典型である。この経験は、再認とどのようにちがうのだろうか。まず、再認のばあい、現在と過去とは直接的な一対一対応をなし、現在の出来事をただちに関連する過去の出来事と結合させることができる。それゆえそれに要する時間は無視しうる程度のわずかなものであり、そのつながりも機械的なものである。それにたいして想起のばあい、現在と過去とは複雑な因果の全体的ネットワークによって媒介されており、そのつながりは直接的には不明である。だから想起はかならず時間の遅れをもない、いつそれが生じるかも恣意的(あるいはベルクソンのいう意味で自発的)である。また、再認が〈一原因―一結果〉(一つの原因に一つの結果)のつながりであるのにたいし、想起においては〈多原因―多結果〉(ひとつの原因に複数の結果、あるいはその逆)のつながりがありうる。想起は記憶の全体的ネットワークの媒介によって可能となる。さらに、再認においてはたらくのは学習力である。再認とは過去に学習したことの機械的な反復であり、そこには現在と過去とのあいだの質的なちがいはない。それにたいして想起のばあい、過去は現在からの直接的な再認によっては届かないところにまで隔てられている。過去を現在と質的に異なるものにするのは、この隔たりである。過去は現在から時間的に隔てられるにつれて、空間的に外界からも切りはなされ、内面的な性質を帯びるようになる。想起とは、この隔たりを想像力によってつなぎ、過去と現在との連続性を回復することである。想起は想像力の作用であり、それゆえ想起としての記憶は、科学よりも文学において追求されてきた(ルカーチ 一九二〇＝一九九四：一七七～一七八、Tadié 2001: 10)。

フロイトとベルクソンの記憶論は、これら二つのモデルと重なる部分が少なくない。にもかかわらず、それらには再認および想起とは異なる部分があり、その部分にこそ、両者の理論の独創性がある。それゆえ、両者の記憶論が、どの部分において標準的な記憶のモデルと異なるかを順に見てゆくことにしよう。

2　フロイト：事後的構成

(1) 事後性

フロイトが人間の記憶の問題にかんする考察を展開していったのは、神経症の治療をつうじてである。神経症において、過去の記憶は症状として表れる。症状は、外傷的体験を受けたことから直接的に生じるのではなく、その体験が、より早期の体験の記憶と連想作用をつうじて結合されることによって形成される。それは体験と一対一対応をなしておらず、つねに二つ以上の記憶の共同作用によって複合的に生じる。症状を解消することは、この記憶の連鎖のもつれを解きほぐすことと同義である(フロイト 一八九六＝一九八三：一二～一三)。

一八九六年一二月六日のW・フリースに宛てた手紙のなかで、フロイトはつぎのように記している。

> 僕は、われわれの心的機構は現存の記憶痕跡の素材がときどき新しい関係に応じた配列換え *rearrangement*、すなわち書き換え *retranscription* を被ることにより、重層形成によって発生した、という仮定を用いて研究しています。僕の理論における本質的に新しいところは、したがって、記憶は一重にではなく、さまざまな種類の標識のなかに、貯えられていて、多重に存在している、という主張です（マッソン 一九九五：二〇七＝二〇〇一：二一一強調原文）。

記憶は、さまざまな記憶痕跡の重層的なネットワークとして存在し、現在の状況のなかで、そのうちの特定の部分が刺激されるとき、ネットワーク全体の関係が再調整される。この認識は、記憶をニューロン・ネットワークのメカニズムから解明しようとする今日の脳科学のそれに似ている。しかし、フロイトにとって主要な問題であったのは、それを身体のどの部位に還元するか、ということではなく、このメカニズムが人間の心的生活にどのような作用をおよぼすか、ということであった。

　この現在から過去への時間の遡及的な性質は、精神分析ではとくに「事後性」と呼ばれる。記憶の事後性がもっとも顕著に現れるのは、トラウマ的な記憶のばあいである。そこで、フロイトのトラウマ論の典型をいくつか見ることによって、この概念の含意をはっきりさせておこう。

(2) エマ

最初に取り上げるのは、『科学的心理学草稿』(一八九五)において論じられたエマの例である。エマは一三歳のとき、一人で店に行って二人の男性店員がくすくす笑いあっているのを目撃した。それを見て彼女は、なぜだかわからない恐怖感に襲われ、店から走り去った。彼女は、店員たちが自分の服装のことを笑っているのだと思い、それ以来、一人で店に行けなくなった。彼女の恐怖の深刻さは、この出来事の些細さにくらべると、度を越している。しかし分析をつうじて、この出来事は彼女の恐怖の原因ではなく、きっかけであることがわかった。分析によって解明された〝真の〟原因は、彼女が八歳のときに経験した出来事だった。彼女が一人でお菓子を買いに食料品店に行ったとき、店主はにやにや笑いながら、服の上から彼女の性器をつねった。そのときはこの出来事の意味はエマには理解されず、その後も忘れられたままだったが、一三歳のときに店に行って笑われたことがきっかけとなって、トラウマの原因として作用しはじめたのである(フロイト 一八九五＝一九七四:二八二～二八三)。

この事例では二つの重要な時期がある。(1)八歳のときの性的いたずら(第一の出来事)。(2)一三歳のときのくすくす笑い（第二の出来事）。この事例を、さきにのべた記憶の三つのモデルにしたがって解釈してみるとどうなるだろうか？　まず、再認のモデルでは、そもそもこのような事態を説明することができない。再認とは現在の知覚を、それに類似した過去の記憶と直接的に連合させることだが、エマの事例において、過去（第一の出来事）と現在（第二の出来事）とのあいだに直接的な対応関係（類似や近接など）は、ほとんどないからである。想起のモデルによれば、第一の出来事は、その後のエマの成長過程で複雑な経緯をたどり、最終的にトラウマを惹き起こすにいたったとされるだろう。しかし第一の出来事と第二の出来事とが継起的な因果関係にあると、はたして言えるだろうか？　トラウマ論は、これらの一般的な因果性に依拠する二つのモデルとは異なる記憶のモデルをもたらす。それは事後的に「構成」される記憶のモデルである。構成のモデルによれば、第一の出来事は、第二の出来事が起こり、それがきっかけとなってトラウマが発生したとき、そこから事後的にトラウマの原因として見出されたのだとされる。トラウマの原因が、トラウマが発生した時点で、そこから遡及的に決定されること、これが事後性の概念の含意である。

構成のモデルによる解釈にたいしては、つぎのような反論があるかもしれない。第一の出来事は、現在の出来事が現れた時点で見出されたのではなく、それまではただ潜在化されていただけで、第二の出来事の起こる前から、原因として存在していたのではないか――ちょうど植物の種が、花や実の状態を潜在的に持っており、それゆえ花や実の原因であるように。これは想起の論理である。しかし、この過去の出来事がトラウマの原因であることがわかったのは、じっさいに現在の結果(トラウマ)がすでに生じていたからである。想起のモデルにおいては、過去の出来事と現在の結果との因果的なつながり自体は明確に存在し、そのつながりはただ忘却ないし隠蔽されているだけだから、その覆いを取り去ることが重要となる。それにたいして構成のモデルにおいては、過去の出来事と現在の結果との因果的なつながり自体が不明確であり、それは現在の結果から事後的・遡及的につくられるものである。トラウマが、違うきっかけで、違ったふうに惹き起こされていたならば、見出される過去の原因も違っていたかもしれない。因果関係の連続性を前提する想起のモデルは「成長」growth(あるいは「進化」evolution)のモデルである。それにたいして因果関係の本質的な不確定性を主張する構成のモデルは「突然変異」mutation のモデルといえるだろう。

(3) 狼男

エマのばあいは、原因となる第一の出来事の実在性は比較的はっきりしている。しかし、ときにそれが疑わしくなるばあいもある。その一例が「ある幼児期神経症の病歴より」(一九一八＝一九八三)(通称〝狼男〟)である。ある二五歳の男性患者が幼児期に罹っていた神経症を、患者の語りをつうじてフロイトが分析したのが、この論文である。

この患者は四歳のとき、つぎのような夢を見た。患者がベッドで寝ていると、窓の外のくるみの木に、六、七匹の白い狼がいた。狼たちは木の枝にとまり、じっと患者を見つめていた。患者はこの狼に食べられるのではないかという不安に襲われて、大声をあげて泣き出し、目が醒めた。この夢は覚醒後も強い現実感を残し、それ以来、患者はまた恐ろしい夢を見ないかとたえず恐れるようになった。

分析をつうじて、この夢の素材が、『赤頭巾の少女』や『七匹の子やぎ』から借用されたものであることはわかったが、しかしそれだけでは、この夢の現実感は説明できない。この夢がこれほどの恐怖を惹き起こしたのは、それが、それまで潜勢化されていた真の原因を活動化させる契機となったからであった。その原因とは、一歳半のときに見た両親の性交の場面――いわゆる〝原光景〟――であった。もちろん一歳半の時点では、この光景をじゅうぶんに理解することができなかった。そして四歳のときに見た夢をきっかけとして、それにとらわれるようになった。この光景が十全に意識化されるためには、フロイトの分析を受ける二〇年後まで待たなければならなかった。

狼男のケースにおいては、三つの重要な時期がある。(1)一歳半のときの原光景の目撃(第一の出来事)。(2)四歳のときの不安夢(第二の出来事)。(3)二五歳のときの分析治療(第三の出来事)。しかしフロイトは、第二の時期と第三の時期との隔たりは問題にならないと言っている(同上：三八四)。そうすると、エマのばあいと同様に、ここでも症状は、第二の出来事がきっかけとなって、事後的に第一の出来事が原因として見出されることによって形成されたのだと言える。

しかし、ここで問題となるのは、第一の出来事(原光景)の信憑性である。フロイト自身、この長い論文をつうじて終始、原光景の実在性を検討しつづけたが、けっきょく、その点について最終的な判断を下すことができなかった。しかし、この光景が真実と空想との混合物であること、空想の要素が多分にあること、は認めていた(16)。原光景は、過去の出来事の記憶が想起されたものなのではなく、患者が退行的につくりだした空想であり、そしてまた分析過程をつうじて構成された産物である(同上：三八八〜三八九)。しかし、じつは問題は、想起か構成か、語られるのが体験された事実なのか、それとも想像された空想なのか、という点にあるのではない。たとえ空想だとしても、それは患者に、じっさいに体験したのとほとんど変わらないほどの強い効果(強迫その他の症状)をおよぼしている。それゆえそれは、たんなる空想と言って切り捨てることができない。重要なのは、なぜその空想が、患者の関心を拘束し、現在から目を背けさせる作用をおよぼしうるのかということであり、それゆえ分析はあくまでこの空想を分析対象とする。そしてフロイトは、患者の語りが真実か空想かを無理に決定しようとすることを、最終的には「あまり意味のないこと」とのべるに至った(同上：四三二)(17)。

(4) 想起と構成

フロイトは言っている。「精神分析学によって主張されている忘却された幼児期体験……は空想に基づくものであり、むしろ、後年の原因によって生み出されたものである」(同上：四三七)。主体はなんらかのトラウマ的な危機を引き起こすきっかけとなる出来事に直面したとき、現在の自分を決定する原因としてあった〝はずの〟過去を、事後的に決定する。

この因果性は、通常の科学における機械的で直接的な因果性(再認のモデルはそれを前提している)とはちがい、主体の象徴的な意味づけによって構成される象徴的な因果性である(ジジェク一九九四＝一九九六：三九四)。しかし、想起においても、現在の事象と過去の原因とのあいだには直接的な結合関係はなく、その隔たりに主体が関与する。想起においても構成においても、現在と過去とのあいだに直接的な結合関係がないために、事態を一般化し、そこから未来を予測することができない。しかし、この不可能性の理由は、これら二つのモデルで異なっている。前者においてそれが不可能なのは、因果関係が複雑すぎて、そのすべてを解明することができないからである。これはいわば〝技術的〟な難しさであり、それゆえ理論的にはかならずしも不可能ではないということになる。それにたいして後者において不可能なのは、主体にトラウマ的な危機をもたらす外的なきっかけが何であり、いつ、どのようなかたちで現れるかが偶然にゆだねられており、予測することができないからである。この外的なきっかけが予測不可能であるため、その要因によって過去がどのようなかたちで主体の前に現れてくるかも予測することができない。つまり、過去から現在への因果的な流れを確定することは、たんに技術的にではなく、原理的に不可能である。想起モデルにおいて因果関係が確定不可能であるのは事象の複雑さのためであるが、構成モデルにおいては、出来事の「予見不可能性」あるいは「偶有性」のためである。

ところで、フロイトは事後的構成の概念については断片的に言及するのみで、包括的に定式化したことはなかった。この概念が明確に定式化されるためには、ラカン以降の精神分析を待たなければならなかった(18)。

フロイト自身は、むしろ基本的には「想起」のモデルに依拠していた。フロイトにとって分析とは、患者が、抑圧のために意識しえない幼児期の体験を、自分で想起できるようにすることだった。過去の記憶は抑圧をつうじて隠蔽(忘却)されており、現在の意識はその抑圧のために過去を正しく想起することができない。過去が抑圧をくぐり抜けて通常の主体の意識に現れるのは、言いまちがいや夢、些細な事柄の記憶(「隠蔽記憶」)などとしてあらわれる断片的な痕跡、しかも変形や歪曲をこうむった痕跡としてのみである。分析とは、この断片的な手がかりから、抑圧された過去の全体像を正確に復元することである。患者の病的な症状が消え、治療が終わるのも、この復元が完遂され、患者自身が十全な自己理解にいたるときである。この「想起」のモデルにしたがえば、分析家とは一種の考古学者である。分析とは、過去の断片を寄せ集めることをつうじて、じっさいにあったはずの過去を、できるだけ正確に復元(再現)することだから。同じ理由で、分析家を探偵に喩えることもできる。

けっきょくフロイトは、最後まで「想起」と「構成」とを明確に区別することがなかった。そのことを端的に示すのが、晩年近くに書かれた「分析技法における構成の仕事」(一九三七)である。タイトルが示すとおり、この論文は分析をつうじた過去の構成について語ったものであるが、奇妙なことに、ここではこの構成の作業が考古学に喩えられている。ここでフロイトは分析の過程を、分析者の構成と被分析者の想起とのフィードバックとしてとらえている。「分析医の構成からはじまる道は、被分析者の想起に終わるべきものである」(フロイト 一九三七＝一九八三：一四八)。そのため、この論文はやや折衷的にも見える。このことは、「想起」と「構成」との差がほんのわずかなものであることを示している。なんらかのかたちで過去の記憶を分析するとき、それが再発見された事実なのか、再発見された事実として想定された構成物なのかを見わけることは、しばしば容易ではない。

社会諸科学における記憶研究においても、やはり記憶が過去から直接的に連続するものではなく、現在の観点からたえず再構成されるものであることがたびたび強調される。それらは、構成という真実を明るみに出しさえすれば、時間的連続性という仮象のヴェールを剥ぎ取ることができると考える点で、ほとんど古典的な啓蒙主義のイデオロギー論のようである。事後的構成の論理は、おなじく記憶の構成について論じながらも、強調点が違っている。強調されるべきは、過去が現在の観点からたえず再構成されるとしても、そのことが意味するのは、過去が恣意的に捏造されるということではなく、主体が現在置かれた状況を理解可能にするために、過去が、〝この現在をもたらしたはずのもの〟として、あるいは〝そうであったにちがいないもの〟として措定されるということである。それによってはじめて、主体はみずからの存在の核を得る。連続的な時間というヴェールを取り去ったとき、その〝背後〟にあらわれるのは、現実ではなく、現実喪失である。

他方、空想の効果を強調する議論がある。たとえば、あるトラウマを抱えた患者に空想の物語や偽りの記憶を与え、擬似的な自己理解をもたらすことに治癒効果があるならそれでいいではないか、というふうな。フロイトと同時代の心理学者、P・ジャネは、このような考えであった。ジャネは暗示や催眠術を多用し、患者がトラウマと無理に向き合うよりも、患者にとって肯定的ないし中立的なイメージを信じ込ませることによって、患者を治療した(ハッキング 一九九八：二四二〜二四五)。

このような議論もまた、真実と虚偽、現実と虚構（空想）の二分法を単純に前提している点で、啓蒙主義的イデオロギー論と相補的対立の関係にある。フロイトが空想を重視したのは、現実の矛盾（神経症）を想像的に解決するためではなく、その矛盾を現実的に解決するための唯一の通路がそれだからである。

3　ベルクソン：潜在的なものの現実化

(1)二つの記憶

もう一人の記憶の理論家、ベルクソンの理論はどのようなものだろうか。一見すると、『物質と記憶』で展開されたベルクソンの記憶論は、「再認」と「想起」を組み合わせたもののように見える。しかし、やはりそれらとは異なっており、そのちがいが重要である。

「再認」モデルによれば、記憶とは、現在の知覚にたいして、それと類似したものを過去の記憶痕跡のなかから選択して連合させることである。ベルクソンによれば、この「再認」説はまちがいではないが、記憶の一面を説明するにすぎない。記憶には二つの形態がある。たとえば、ある詩を何度もくりかえし暗唱して覚える記憶がある。これは「学習的記憶」**souvenir acquis** と呼ばれる。この記憶は反復されることによって獲得され、習慣にほぼ等しいものとなる。それとは別に、一回きりの出来事の記憶というものもある。おなじ詩でも、自宅で家族の前で朗読したときの記憶と、学校の授業で朗読したときの記憶とでは、時間や場所はもちろん、それを経験したときの印象も、まったく異なっている。このような記憶は、日付をもった、一回きりのものであり、したがって反復不可能である。それゆえそれは一挙に記憶されたのでなければならない。このような出来事の経験は、学習的な記憶とはちがい、とくに意志的に努力することもなく〝勝手に〟記憶され、それゆえ再生も気まぐれである。このような記憶は「自発的記憶」と呼ばれる。

学習的記憶は類似あるいは一般性に向かい、自発的記憶は差異あるいは個別性に向かう。また、学習的記憶は外界の知覚にたいする身体の直接的な反作用として生じ、行動に直結する。この記憶を司るのは運動的 **motrice** あるいは活動的 **active** な記憶力である。それにたいし自発的記憶は精神の自然発生的な想起によって発し、行動よりは観想に寄与する。この記憶を司るのは想像的 **imaginative** あるいは観想的 **contemplatrice** な記憶力である。

動物もある種の記憶をもっている。たとえば飼い犬は飼い主を記憶し、再認することができる。しかし、これはあきらかに学習の産物であって、自発的記憶ではない。自発的記憶は、現在の行動をさしひかえ、無用なものに価値を見出し、夢みることを望むような態度においてあらわれる。動物は基本的に、現在の有用性や実用性にしばられて生きている。それゆえ自発的記憶をもつのは、基本的に人間だけである。人間は、学習的記憶と自発的記憶という二種類の記憶をそなえている。前者だけが肥大した人間は、動物的な「衝動の人」である。後者だけが肥大した人間は、非現実的な「夢想家」である。通常、人はこの二極のあいだを行き来しつつ生きている。

学習的記憶　souvenir acquis　……習慣・反復・行動・身体の記憶・運動的あるいは活動的な記憶力・一般性（類似）・衝動の人

自発的記憶　souvenir spontané　……自発性・想起・観想・純粋記憶・想像的あるいは観想的な記憶力・個別性（差異）・夢想家

学習的記憶と自発的記憶からなるベルクソンの記憶論は、「再認」と「想起」とを総合したものなのだろうか。有名な逆円錐のモデルをはじめ、ベルクソンはしばしば記憶を円環の比喩で語った（一八九七＝一九九九：一二〇～一二一、一七二、一八二～一八三、二六八～二六九）。円は全体性の形象であり、想起は生の全円性の回復である。逆円錐モデルにおいては、行動に直結する層（逆円錐の頂点）から自由に夢想される層（逆円錐の底面）まで、水準の異なるさまざまな記憶の層がある。再認＝学習的記憶は前者に、想起＝自発的記憶は後者に位置する。このようにベルクソンの記憶論には「再認」や「想起」と重なるところが少なからずあり、ベルクソン自身がこれらの用語を繰りかえし使ってもいる。にもかかわらず、それらには収まりきらない部分があり、それがベルクソンの記憶論を独特なものにしている。原則的に、『物質と記憶』において'souvenir'と'mémoire'という二つの語が区別されている。前者が個々の記憶内容をあらわすのにたいし、後者は記憶の能力ないし機能をあらわす。そして『物質と記憶』で論じられているのは、souvenirを知覚と関係づけ、行為を可能にするmémoireの働きである。『物質と記憶』における主要な問いは、どのようなタイプのsouvenirがあるのか、ではなく、mémoireにはどのような作用や働きがあるのか、である。

(2) フレーム問題

人工知能の理論的・技術的難問のひとつに「フレーム問題」と呼ばれるものがある。これはベルクソンの記憶論の特徴を、いわば裏側から、例証してくれる例である。そこでこのフレーム問題について、すこし見てみることにしよう。

フレーム問題の模範的な例としてよく用いられるのは、デネットの爆弾処理ロボットの話である(Dennett 1990)。いま、万能型のロボットがいるとする。ある部屋にワゴンがあり、そのうえにはロボットのための予備バッテリーと、まもなく爆発するよう設定された時限爆弾が置かれている。もしもロボットが、「バッテリーを救出せよ」との命令を受けて、爆弾を乗せたままワゴンを外にだしてしまえば、爆弾は爆発する。そこでプログラマーは、ロボットが自分の行為の意図どおりの結果だけでなく、意図せざる結果(副作用)についても考慮するよう、設定したとする。しかし、意図せざる結果を考慮すべき要素は、かぎりなく存在するため、それを考慮しているうちに爆弾は爆発してしまう。そこでさらにプログラマーは、ロボットに自分の行為に関係のあること **relevant** と関係のないこと **irrelevant** とを区別し、関係のないことを無視するよう設定したとする。またもやロボットは、この区別の作業を際限なく続けてしまい、そして爆弾は爆発する。「ワゴンの上に爆弾があるときはそれを取り除く」という条件を設定すれば、この問題は解決するように見えるが、そのときこのロボットは、もはや「万能型」ではなくなってしまう……。

このロボットに欠けていたのは、ある文脈のなかで、自分がおこなう行為に関係のあること(有意味なこと)と関係のないこと(無意味なこと)とを区別して適切な状況判断をする能力である。これがないために、けっきょくロボットはプログラムによって前もって確定された行動しかできない。

もちろん人間も、この種の困難に直面することがある。たとえば子どもが道路で信号無視をして、親から「そんなことをしてはいけません」と叱られたとする。このばあいの「そんなこと」とは、具体的にどんなことを指しているのだろうか。それは信号無視のことだけを指しているのだろうか。常識的に考えれば、そうではない。その他の同種のこと、たとえば信号のないところで車道を横断したり、遮断機の下りた線路を横断することなども、やはり「そんなこと」のなかに含まれるだろう。ではこの「そんなこと」の外延はどのように決められるのだろうか。この種の事柄のなかで、〝してはいけないこと〟と〝してもいいこと〟との境界線はどこで引かれるのだろうか。そもそも、なにを基準に「そんなこと」のカテゴリーに分類されるのだろうか。しかし、これら幾多の起こりうる疑問にもかかわらず、通常の日常生活ではたいてい、この種の問題はなんらかのかたちで解決ないし回避されている。

けっきょくのところフレーム問題とは、「文脈的な行為はいかに可能か」という問いにほかならない。それが可能となるのは、ある文脈のなかから、明示された顕在的なメッセージ以外の潜在的なメタ・メッセージ(文脈)をも読み取り、それによって自分にとって有意味なことと無意味なこととを区別することによってである。ではこの区別はどのようになされるのだろうか。ベルクソンによれば、現在の状況のなかから関係のあることとないこととを区別し、前者だけを選択するのは知覚の役割である。知覚は、諸対象の総体のなかから、それに働きかける身体の可能な行為を浮き出させる(一八九七＝一九九九：二五四)。平たく言えば、知覚とは行為の準備である。しかし、すでに見たように、じつはこの「有意味なものの選択」には無限の選択肢がありうる。知覚だけでは、なにが有意味な選択なのかをじゅうぶんに決定することができない。そのとき、過去の諸経験の全体のなかから現在の状況を理解するのに役だつ部分を取りだし、それを現在のほうへ差しむけることによって選択を可能にするのが、記憶の役割である。記憶が現在へ投げいれる光によって、その状況のなかでのふさわしい行為が示唆される。つまり記憶こそ、行為においてフレームの役割を果たすものである(19)。

記憶は知覚による有意味なものの選択を手助けするだけではない。有意味なものの選択は、予測不可能な事態に対処するために必要なものではある。しかしそれだけでは、予測不可能な行為が可能となるためには十分ではない。記憶にはもう一つの、そしてより本質的な機能がある。それを理解する手がかりは「リズム」の概念である。事物がもたらす作用にたいして、それとおなじリズムで反作用するとき、その反作用は物質的必然性に縛られている。有意味なものの選択によって偶発的な事態に対処できたとしても、それはいまだこの必然性に縛られていることに変わりはない。しかし記憶は、知覚されたものにたいして反作用する行為のリズムを転調させることによって、予測不可能な行為をも可能にするのである(同上：二三五、二五三)。過去の諸瞬間を保持し、それによって知覚が直面する外的瞬間の一コマ一コマを縮約 contracter するのが、記憶の第二の機能である。どんな単純に見える知覚にも、過去のさまざまな瞬間を保持した記憶が潜在している。より多くの過去が保持されるようになるほど、より多くの外的瞬間を縮約して把握できるようになり、行為の予測不可能性も増す(同上:八四、二三五、二四六、二五三、二七六)。いいかえれば、われわれはもっぱら事物の必然のリズムにしたがう状態を脱し、自由に行動できるようになるのである。

(3) 現実化

ベルクソンによれば、過去は現在から過ぎ去り、存在することを止めるのではなく、現在とちがうしかたで存在する。現在が現実的 actual に存在するのにたいし、過去は潜在的 virtuel に存在する。過去は過ぎ去るのではなく、現在と潜在的に共存している。経験にはつねに外界からの刺激にたいする反作用以上の剰余がある。そしてこの剰余こそ、潜在的な記憶にほかならない。潜在的な過去は、現在からの呼びかけにおうじて、それにふさわしいかたちで物質化され、具体化され、現実化 actualiser される。知覚は記憶を喚起し、記憶はみずからを知覚へと現実化する。この知覚と記憶という二種類の作用が合流するとき、行為が可能になる。記憶とは、潜在的なものが現実化されるプロセスである。だからこそそれは、現在から過去へと遡行するものではなく、過去から現在へと向かうものである。しかし、記憶が過去から現在へ向かうということは、過去と現在とが継起の関係にあるということではない。過去は現実的な現在にたいして潜在的に共存している。

潜在的なものの現実化は、否定的な諸契機によって決定 determination されてゆくプロセスではなく[20]、存在それ自体の内的差異によって、不断にあたらしいものが創造される肯定的なプロセスである。行為は、潜在的記憶の複雑な網の目をつうじて現実化される。にもかかわらず、この現実化のプロセスは決定ではない。ある行動が現実化されるとき、その行動の原因であったはずの網の目そのものが組み替えられるからである。ベルクソンが言ったのは、記憶(あるいは持続)が分割不可能な連続体だということであるよりもむしろ、分割されるごとに性質を変えるもの、性質を変えながらたえず分割される多様体だということである(ドゥルーズ一九六六＝一九七四：三九)。記憶とは潜在的な多様性である。経験が増えてゆくにつれて、自己は多様性を増してゆき、ますます多くの行動様式をもつようになる(ベルクソン 一八九七＝一九九九：九五〜九六)。だからこそ、記憶を獲得すればするほど、人は事物の必然の連鎖から解き放たれ、記憶の現実化としての行動は予見不可能となる。記憶はあたらしい経験を現実化する。しかし、あたらしい経験のたびごとに、記憶の網の目もまた、あらたに組み替えられてゆく以上、記憶を行動の原因と見なすことはできない。現実的なものは、それが具体化する潜在的なものに似ていない(ドゥルーズ 一九六六＝一九七四：一〇九、一一八)。それだからこそ、現実化のプロセスは差異化のプロセスでもあり、あたらしい経験は創造である。それは、自己自身からあたらしいものを創造する、自由な因果性である。それは「突然変異」的なプロセスであり、出来事は予見不可能であり、原因と結果は不確定である。ここに、ベルクソンの記憶論が再認と想起の総合ではない理由がある。それは再認・想起・構成のいずれともちがう、第四の記憶のモデルをなしている。それゆえここで、それを「現実化」と名づけることにしよう。

おわりに

ドゥルーズは初期のベルクソン論のなかで、ベルクソンにおける因果性について、つぎのように言っている。

予見不可能、偶然性、自由は、つねに原因に対する独立を意味している。ベルクソンがエラン・ヴィタールに多くの偶然を付与するのは、この意味においてである。彼が言いたいことは、事象がいわばその諸因の前に来るということであり、諸因が後に来るからにはその事象自体からはじめねばならぬということである。（中略）事象そのものを説明するのは、差異であって、その諸因ではない（ドゥルーズ：一九五六＝一九八九：一二五）。

ここで言われていることは、一見、事後的構成の論理そのもののように見える。じっさい、さきにわれわれは、「不確定性」や「予見不可能性」などの概念、さらには「突然変異」の比喩を、構成のモデルの特徴をあらわすものとして述べた。構成のモデルにおいても現実化のモデルにおいても、因果性の全体（構造、潜在的なもの）は結果＝効果（出来事、行為、事象）より先行的に外在するのではなく、同時的に内在する。

しかし両者は、これらの概念や比喩、論理構成を共有しながらも、不思議なほど異なっている。ベルクソンが退けようとしたのは、まさに事後的構成の論理だった（ドゥルーズ 一九七四：五四）。構成のモデルにおいて因果性が不確定なのは、それが外的・偶然的な出来事によって事後的に決定されるからである。それにたいし、現実化のモデルにおいて不確定ということは偶然的ということを意味しない。それどころか、この因果性は、それ自身の内的・必然的な差異にしたがって不断に生起してゆく（ベルクソン 一八九七＝一九九九：七五、ドゥルーズ 一九五六＝一九八九：五六）。前者においては、偶然的に発生した出来事が、あたかも必然的な結果であったかのように事後的に構成されるのであり、後者においては、偶然的な出来事の発生そのものが、差異化＝現実化の必然的な結果である。前者は否定的な契機によって決定＝規定される受動的なプロセスであり、後者は肯定的な差異を創造する能動的なプロセスである。前者は現在から過去へと遡及的に作用するのにたいし、後者は過去から現在へと前進的に作用する。

とはいえ、「構成」と「現実化」とのちがいを強調するあまり、両者の類似点に目を向けることを忘れないようにしよう。両者ともに、記憶が精神や意識といった内面的な領域にのみかかわるものではなく、具体的な行為の場で、きわめて現実的な作用をおよぼすものであることを指摘する点で共通している。記憶とは、内面における想起をつうじて時間の連続性や事物の同一性をつくりだすものであるよりも、現在からの過去の構成、あるいは過去の現在への現実化をつうじて行為を生起させるものである。不確定性、偶有性、予見不可能性は、この記憶の作用を示す徴候である。われわれの自由と不自由をめぐる経験の多くが、ここにかかわっている。

第3章

忘却と笑い

――後藤明生――

1　記憶と現代

記憶の不確定性は、記憶が複雑な網の目をなしていることに起因している。かつての心理学における連合主義の学説が想定したように、ある知覚からそれに類似した記憶が喚起されるのではない。個々の記憶は複雑に結びついた網の目をなしており、知覚はこの網の目全体に働きかける。この網の目は、受けとる知覚におうじて組みかえられ、書きかえられるし、そしてまたたえず組みかえられ、書きかえられる網の目から現実化される記憶が知覚を助けて、あらたな行為を可能とする。

しかし、もしもこの網の目が、破れたりほどけたりしてしまったら、どうだろうか？　知覚は記憶の網の目全体に働きかけるのではなく、一つの記憶の断片を喚起するのだとしたら？　しかも両者のあいだには連合主義が前提するような類似性がなく、喚起された記憶の断片が別の断片を喚起し、というふうにして、どんどん知覚から離れていくような記憶があるとしたら？　それは妄想にも似た、かなり病的な状態に聞こえるかもしれない。しかし、もしもこのような状態のもとでも、それなりに生きられる生があるとしたら、それはどんなふうになるのだろうか？　そこにおける記憶の様式とはどのようなものであり、そのもとで生きられる生のスタイルとはどのようなものだろうか？　このような問いに答えてくれるのが、後藤明生の小説である。

*

われわれの日常生活はさまざまな出来事の記憶に彩られている。それは人生の節目に経験する大きな出来事だったり、ありふれた日常生活の一コマだったり、不可解な光景の断片だったり、想像を超えた衝撃的な体験だったりする。もちろん、日々経験される無数の出来事のすべてが想起されるわけではない。そのうちのいくつかが想起の特別な対象となり、折にふれて振りかえられる。それら個々の出来事の集まりからなる記憶のかたち **form of memory** は、われわれの生のスタイル **style of life** と密接に結びついている(May 1958: 69)。この意味で、生の軌跡は記憶の布置連関が織りなす星座にほかならない。

この「記憶のかたち」という概念には、もう一つの意味がありうる。それは、これらの記憶と主体とが関係づけられるそのしかたという意味である。前章で見たように、『物質と記憶』においてベルクソンは souvenir(s) と mémoire という二つの語を区別している。前者は個々の記憶内容であり、後者はそれらの souvenirs を知覚と関係づける記憶の作用ないし機能である。この区別をふまえて言えば、われわれの生のスタイルを映しだす記憶のかたちとは、souvenirs の織りなす星座であるのみならず、その星座に主体を関係づける mémoire の作動様式のことでもある。そもそもどの出来事が選択されるのか。選択された出来事はどのように想起されるのか。想起の範囲は十全なのか、それとも部分的なのか。想起の像は明瞭なのか、それともあいまいで不鮮明なものか。想起の内容は〝事実〟のとおりなのか、それとも歪曲され、変形されているのか。これらの問いは mémoire の領分であり、この mémoire のかたちにおうじて、生のスタイルも変わる。ここでこの mémoire のかたちを、「記憶のかたち」と区別して「記憶の様式」mode of memory と呼ぶことにしよう。記憶と生の関連を考察しようとするなら、souvenirs のかたちと mémoire の様式の両方を視野に入れる必要がある。

＊

近代社会においては、さまざまなものが現れては消え、あらゆるものが急速に変化する。多くの力が忘却を促すべく作用した。これらさまざまな力を前に、過去は残余あるいは障害として洗い流されていった。と同時に、この普遍的な忘却の力に抗して記憶あるいは時間を取り戻そうとするさまざまな試みもあった。小説は、そのような試みの一つである。

小説と記憶あるいは時間との本質的な関連を指摘したのは『小説の理論』におけるルカーチである。ルカーチは小説を「先験的故郷喪失の表現」と規定している。さまざまな要素が複雑に絡まりあう近代世界のなかに存在する主体は、世界との全面的なつながり、あるいは生の全体性を、つねにすでに失っている。このような状況において、はじめて時間が人間の生にとって決定的な意味を持つようになる。主体は外界＝空間において不可能な失われた全体性＝故郷の回復を、内面＝時間において追求する。小説じたいが、この失われた生の全体性(故郷)を回復しようとする試みであった。「小説の筋のすべての内的進行は、時間の力との闘争以外のなにものでもない」(ルカーチ 一九二〇＝一九九四：一六八)。

この試みは、しばしば現実の困難にぶつかって挫折し、主体は苦い幻滅を味わう。しかし、まさにその度重なる挫折をつうじて生の充実が現れてくる。暗く悲哀に満ちた小説を読み終わったときに満足を感じるのは、そこに生の充実を感じるからである。優れた小説は、たとえどれほど暗くても、ある種の生の充実を感じさせる。だから小説は成熟した大人の形式である(ルカーチ 一九二〇＝

一九九四：一七〇)。

失われた全体性の回復に失敗することは、じつは失敗ではない。その失敗によってはじめて喪失は決定的になり、過去(全体性が所有されていた時代としての)は現在と質的に異なる何かとして、真に手の届かないものとなるが、しかし同時に、この喪失は追憶や回想をつうじて想起されるようになるからである。喪失が決定的であるほど、想起によって結ばれる像はより鮮明になる。現在に働きかけ、変化させる創造的な記憶の作用が生じるのは、ここにおいてである(ルカーチ 一九二〇＝一九九四：一七七)。現在と過去とのあいだに質的なちがいがないようなところ──『小説の理論』で挙げられた例では古代ギリシャ──では、このような記憶の作用は現れない。創造的な記憶について論じた哲学者としてベルクソンがいるが、ただし彼がほとんど論じなかったのは、記憶の創造的な作用を現れさせる外界と内面、空間と時間との質的な分離が、(ベルクソンが繰りかえし強調したように)本質的なものというよりは、近代によってもたらされ、拡張されてきたものだということである(21)。

多くの小説において、生の全体性を回復しようとするという試みは挫折する。そしてその挫折を受け入れると同時に、追憶という別の手段で失われたものを保持するという成熟のあり方が、小説における記憶の様式と生のスタイルであった。だから小説は近代の成長物語である。近代日本文学のなかで、このような文学のありかたを示したものとして、たとえば江藤淳『成熟と喪失』がある。ここでは、小島信夫や安岡章太郎といった「第三の新人」の作家たちの作品の読解をつうじて、近代化がもたらした喪失を契機とする成熟のあり方が論じられている(江藤 一九九三)。

現代文学に見出される記憶の様式や生のスタイルは、近代文学において追求されてきたものをさまざまな次元で反復しながらも、それらとずいぶん異なってもいる。しばしばそこで探求されるのは、失われたものの記憶ではなく、失われた記憶である。何か確固としたかけがえのないものを喪失した体験が生を意味づける重心になるのではなく、むしろそのような喪失がないこと、あるいはあまりに喪失がありすぎてどんな喪失も重心にならないこと、のために、記憶の欠落が危機的な例外状態というよりもむしろ日常的な風景になる[22]。だから現代における記憶と生の関連を知ろうとするなら、記憶の様式よりもむしろ記憶喪失の様式——われわれはいかにして記憶を失うのか、そして記憶のない状態でいかにして生きているのか——を問うたほうがよい。

近代以降、さまざまな変化が忘却を促進し、その傾向は現代においても強まりこそすれ弱まることはない。しかし、この忘却の力に対峙しつつ人々の生を紡ぐ記憶のあり方は、近代から現代にかけて、大きく変わりつつある。そして、それによって紡ぎ出される生のあり方も。本章以降では、現代における記憶と生の変容を、現代日本文学を手がかりにしつつ、あきらかにしてゆく。とりわけ焦点は、変容の原因——何がこの変容をひき起こしたのか——にではなく、変容の帰結——現代の諸変化によってもたらされる記憶と生の様式とはどのようなものか——に当てられる。

記憶の様式や生のスタイルは、個々の作家ごとにさまざまである。にもかかわらず、それらにはある種の時代性を見出すことができる。近代小説の多くが、「記憶の危機」(Gross 2002:106) の克服を目指して書かれた。成熟はそこから見出された一つの生のスタイルである。このほかにノスタルジーやメランコリーなどを挙げることができる。それらはすべて、〝失われたもの〟をめぐる態度であり、過去はこの喪失体験によって、現在と質的に異なるものとして分節される。それにたいして現代の文学作品において、しばしばそのような決定的な喪失は見られず、過去は明確なかたちをもたない。現代文学が直面するのは記憶の不確定性である。本章では、現代における不確定性を示す一つのモデルとして、後藤明生の小説を取りあげる。

2　笑いの関係

後藤明生は笑いに多くの関心を寄せた作家である。この笑いへの関心は、ゴーゴリへの傾倒からもたらされたものであり、その傾倒ぶりはゴーゴリ論『笑いの方法』(一九八一)に見ることができる。

しかしそれが書かれるかなり前から、「笑い地獄」(一九六九)をはじめとする諸作品において笑いは追求されている。そのなかで特徴的なのは、笑いが個々の人間や事物の状態からではなく、それらの関係から生じるものとされていることである。後藤明生は、たびたび笑い笑われる関係というものについて語った(後藤 一九七一:一八九、[一九八二 一九九〇:二八、一九九五:四二])。どのように特権的な位置にある者も、笑いによっておなじレベルにひきずりおろされ、相対的な関係のなかに置かれる。人々がたがいにたがいを笑いあっているのを傍で見て冷笑するその人もまた、笑われることを免れない。笑いによって特権は剥奪され、あらゆるものが相互的な同一平面に並んでしまう。

相互的な関係の滑稽さとは、立場の逆転から生じるものである。王様と乞食、主人と奴隷、聖人と道化といった対照的な立場にあるもの同士が、たがいの立場を取り違えてしまうとき、高い地位に付随していた崇高さや威厳はたちまち滑稽に転じる。後藤明生の初期の作品では、しばしばこのような相互的な関係が描かれている。人は、この相互的な関係に逃れがたく束縛され、ただ笑いあうことを余儀なくされている。だからこの関係は「笑い地獄」である。

しかし、さまざまな作品をよく読むと、この関係には笑い笑われる相互的な関係というのとは別のものがあることがわかる。それはむしろ、相互的な関係を持ちえないものどうしの関係である。と言ってもそれは、「無関係」、すなわち二人の人間のあいだに関係がないということではなく、関係すべく出会うにもかかわらず、すれ違い、出会い損ねるような「非関係」である。後藤明生における笑いは、立場の逆転によって特権を剥奪され、あらゆるものが同一平面に並んでしまうことから生じるよりも、むしろもともと同一平面に並んでたがいに出会うべく向きあう者どうしがすれ違い、出会い損ねることから生じる。さまざまなすれ違い、出会い損ね、非関係が描かれた。そのなかで大きな比重を占めたのは、現在と過去との出会い損ねであり、「歴史とのすれ違い」である(後藤一九六九［一九七三：三九九］)。

後藤明生の小説のなかでしばしば想起される記憶は、植民地時代の朝鮮で過ごした少年時代、および引き揚げ後に暮らした福岡から東京へ上京してきた青年時代の出来事である。しかしそこでは、過去が想起をつうじて回復されるのではなく、むしろ忘却の隔たりのために、主体はたえず過去と出会い損ね、すれ違う。現在と過去とは、想起をつうじて相互的な関係を結ぶのではなく、忘却のためにたがいにすれ違いつづける非関係があるばかりである。笑いはこのすれ違いから生じる。後藤明生の小説における記憶の様式は忘却であり、生のスタイルは笑いである。

3　忘却

(1)過去とのすれ違い

すれ違いのモチーフは、都市を舞台とする多くの小説や映画において描かれてきた。都市のなかでは誰もがたがいの過去を知らない他人どうしであり、たまたま空間を共有している隣人であるにすぎない。そのなかで人はさまざまな他人とすれ違う。

後藤明生もまた、ごく初期のころから、都市に作品の舞台を設定し、このようなすれ違いを描いてきた。たとえば「関係」(一九六二)では、主人公の「わたし」(この語り手は後藤明生の作品では例外的に女性である)と北村、西野という二人の男性との三角関係が描かれる。はじめ北村は西野やわたしの世界の外側にいて、そこから二人の世界に干渉してきたが、しだいに北村も西野やわたしの世界に足を踏みいれるようになり、三人の関係は「二等辺三角形」のように完成された形になる(後藤 一九六二:四七)。にもかかわらず、この関係はきわめて不安定なままである。それは三角形をなす三本の線が、たがいに折り重なってすれ違いつづけているからである。西野はわたしにむかって言う。「要するにぼくらが完結していると思っているものが、彼には未完成のものとしか思えないのだ」(同上」。三角関係が不安定なのは、それが三人の人間がつくる一つの関係というよりも、三組の二者関係がたまたま折り重なって成立している関係であり、その三本の線がたがいに交錯し、すれ違うからである。登場人物たちは、自分が置かれた関係のなかで、自分に望ましいように関係を導くべくあれこれ画策する。しかし、それぞれ自分以外の他人の振るまいについてすべてを知ることができず、たがいがたがいにたいして不透明である。そのためこの関係はつねに自分の思惑からズレたかたちになる。滑稽さはそこから生じる。

「離れざる顔」(一九六七a)においても、三角関係をモチーフにしてすれ違いの関係が追求されている。宣伝会社に勤務する寺田とそのスポンサーである出版社に勤務する福村、および寺田夫人の三角関係が描かれる。寺田夫人は寺田と婚約中のときに、福村とも関係をもつ。しかしその時点で寺田と福村はたがいに面識はなかった。その後、寺田は福村に面会を申し込む。寺田からすれば、福村は仕事上の顧客であると同時に自分の婚約者を誘惑する人間である。福村からすれば、寺田が自分と寺田夫人の関係を知って面会を申し込んだのかどうかが判断できず、不安を感じながら面会に臨む。しかしこの面会の場面では、けっきょく大したことは何も起こらない。寺田夫人を介して、寺田と福村はそれぞれに、たがいの利害や思惑が交錯する関係のなかに置かれ、相手が何を思っており、何を知っているのか、そのすべてを知ったうえで行動することができない。つまり「二重の偶有性」に直面する。だから二人の行為は不透明な状況のなかでおこなわれ、その結果たがいにすれ違う。「二人の間には喧嘩という次元を成立させない、ばらばらで奇妙にちぐはぐな、目的も気質もまるで異なる二つの点のような二人によって描き出される一つの楕円形の世界が作られてしまった気がする」(後藤 一九六七a：二一〇)。

この「楕円」の比喩は、すれ違いの関係を表すために後藤明生が終生好んだイメージである。このばあいの楕円の含意は、中心が二つあることよりもむしろ中心が一つでないこと、二つの主体が拮抗しながら対峙しあっていることよりもむしろ二つの主体がそれぞれ世界の中心に位置していないこと、あるいは世界が一つではないこと、にある(23)。

＊

多くの小説では、このような空間的なすれ違いにたいして、時間はしばしば主体の断片的な諸経験を統合するものとして描かれる。都市のなかでさまざまな異質なものに遭遇し、断片化や解体の危機に直面した主体は、みずからの過去をふりかえり、現在にいたる道のりを思い起こすことで自己を再認識し、この危機を克服する。だから空間が外面的で断片的、非連続的であるのにたいし、時間は内面的で統合的、連続的なものとしてとらえられる。いっぽんに理解されるところのベルクソンは、このような意味での時間の哲学者であり、そして彼はしばしば時間(あるいは記憶)を「円」

のイメージで表した。

しかし後藤明生の小説において、時間はけっしてそのような統合的な役割をはたすものではない。むしろ時間においてこそ、すれ違いは決定的になる。なぜならそこですれ違うのは、もはや他者や社会ではなく、自己自身だからである。初期のころ、空間内における他者との関係を追及していた後藤明生は、しだいに関心を時間に移して自分自身の過去を探求するようになる。『書かれない報告』(一九七一)、『挟み撃ち』(一九七三)、『夢かたり』(一九七六)、『嘘のような日常』(一九七九)などをはじめとする多くの長短編において、語り手のわたしは過去、とりわけ幼少期をすごした植民地時代の朝鮮での生活を回想する。しかしわたしは、自分自身のものであるはずの過去とさえすれ違う。想起によって見出されるのは断片的であいまいなエピソードばかりである。現在と過去とはたしかな線で統合されることなく、あたかも現在の自分と過去の自分という、異なる自分があるかのようである。「遠近法を失った〈過去〉と〈現在〉は、幸福に結びついた一つの中心となって円形の世界を形づくることができない。そこはいわば〈記憶〉と〈意識〉とが互いに結びつくことができない、楕円幻想の世界だ。そしてそのような両者は、あたかも〈他人〉であるかのように、絶え間なく互いを批評し合ってとどまるところを知らない」(後藤 一九七一：一九九)。後藤明生の作品には、出来事の束を因果的に位置づけることによって遠近法を構成し、楕円を円に変形し、その中心に自己を据えるような記憶の働きがない。むしろ記憶は、どこまでも不確定なものとしてある。

たとえば「無名中尉の息子」(一九六七b)では、トイレで用を足したあとにそれを覗きこむ癖をもつ主人公が、その癖がいつ始まったのかと自問し、二〇年以上も前にまで記憶をさかのぼってゆく。幼少期を植民地時代の北朝鮮の町で過ごした主人公は、敗戦にともない、家族とともに日本に引揚げる。しかしその途中、朝鮮の小さな町の農家に仮住まいしていたときに、父親が病死する。その死の数日前、父のトイレに付き添って、父から排泄物の状態を尋ねられた経験が、その癖の始まりであったことを思い出す。そしてこのトイレの連想から、当時の父の思い出が語られる。しかし、想起はやはり断片的である。

あの牛小屋の隅っこに渡された二本の丸太からこの白い馬蹄形の洋式便所までの距離は空間的には文字通り海一つ越えて離れているのであって、これをX軸とするならばY軸の方も一三歳であったわたしは三五歳となり……(中略)父の死ということになるとたんにX軸とY軸の接点がかすんできて、はっきりと過去としてさらりと冷静に語れなくなってしまうのがふしぎだ(後藤 一九六七b:一六二)。

〝故郷〟であった北朝鮮の町は、日本の敗戦とともにとつぜん〝外国〟になる。そしてそれまで一度も訪れたことのない〝祖国〟日本に移住する。当時中学生だった語り手は、よく理由を理解し得ないままに故郷を失う。まだ意識がじゅうぶん目覚めていないうちに、なにか決定的な出来事がすでに終わってしまっている。この体験は、語り手の人生における重要な出来事として、多くの作品をつうじて反芻され、あるいは別のかたちで反復される。にもかかわらず、この体験は、そこから他のすべての出来事が放射状に並べられ、意味づけられるような起源にはならない。過去と現在とが一本の線で結ばれていて、その原点に戦争体験があるというのではなく、過去から現在へむかう線と現在から過去へむかう線があり、その二本の線はけっして全面的に出会うことなく交錯し、すれ違い、そしてまた離れてゆく。

さきの引用個所からもうかがえるように、このようなすれ違いは、後藤明生が時間を空間的にとらえていることと関連している。「……ここでは、〈男〉の空間的記憶喪失とでも呼ぶべきものが、〈時間〉としての遥かなる過去のせいではなく、むしろ〈空間〉として遥かに遠くの、迷路のかなたへ置き去られたために、〈男〉にはそれが〈見えない〉という感じだ」（後藤 一九七一：二〇三）。過去の記憶は、内面の奥深くを流れる時間よりも、はるか彼方まで広がる空間に関係している。だから〈男〉は、みずからの記憶をもとめて、迷路のような都市を彷徨する。

記憶の想起が空間の移動をともなうのは、多くの都市小説に見られる特徴である。この点にかんして前田愛はつぎのように言っている。

すぐれた都市小説は、たとえば『罪と罰』がそうであるように、推理小説の構成に引きよせられることが少なくないわけだが、推理小説とのあいだに境界線が引かれるとすれば、それは主人公にとって都市の解読に進み出ることが、犯跡の追求ではなく、かれらのアイデンティティそのものを都市の表層の背後にかくされた記憶のなかに確認して行く行為を意味しているところに求められるだろう。都市の迷宮に潜り入ることが、同時に内面への旅につながっている微妙な構造に、近代的な都市小説のパラドックスがある(前田 一九九二:五七二)(24)。

都市小説において過去の想起は、空間から撤退して内面を深く掘りさげることによってではなく、空間に散らばった記憶の痕跡を辿ることによってなされる。後藤明生の作品のなかで、過去の想起と空間の移動の相互関連性をもっとも明瞭に示しているのは『挟み撃ち』である。四〇歳の中年男性である主人公の「わたし」は、ある日突然、二〇年まえに九州から東京に上京してきたときに着ていた外套のことを思いだす。「わたしはあの外套の行方をどうしても思い出すことができない。というより、その行方不明となった外套の行方を、考えてみること自体を忘れていたのだった」(後藤一九九一：二五)。この引用箇所の前後数頁には、「忘れていた」や「忘れてしまっていた」などといった表現が繰りかえし現れる。これらは「忘れた」という表現とはちがう。なにかを「忘れた」と発話できるのは、記憶があるからである。忘却が完全なものになるのは忘却の忘却、すなわち忘れていること自体を忘れることによってである。そこでは「忘れた」という発話が生じることさえない。それゆえ外套のことを忘れ、忘れていたことをも忘れていた「わたし」が外套のことを思い出すのは「とつぜん」である。言いかえれば、想起がなされた後で、それまで『忘れていた』ことにはじめて気づくのである。

「わたし」は失われた外套の行方を探すことを思いたち、一日かけて「記憶の迷路めぐり」をはじめる(後藤一九九一：四〇)。外套の行方を知っていそうな昔の知人を訪ね歩くが、探求は脱線につぐ脱線で、その過程で時代も場所もバラバラな、過去の断片的なエピソードがつづられてゆく。そしてもちろん、最終的に外套は見つからず、探究は未遂に終わる。過去の「わたし」と現在の「わたし」は出会い損ね、「わたし」は過去と現在との挟み撃ちにあったままである。

(2) アミダクジ的記憶

後藤明生の小説の基本的な構成は、あるとき突然、ささいなことに主人公が疑問を抱き、それをきっかけに連想がはじまり、その連想がまたべつの疑問を生じさせ、そうしてつぎつぎと話が横滑りに脱線しながら展開してゆくようなありかたである。そして、その合間に過去の断片的な記憶が挿入される。このような展開形式を、後藤明生はよく「アミダクジ」に喩えた(後藤 一九八七:五〜六)。現在の出来事と過去の出来事が結びついて線をなす。そこに突然、べつの出来事やべつの問いが生じるとき、この線はそちらのほうに折れまがり、そこに向かって延長されてゆく。この展開の方向や射程はあらかじめ決まっておらず、偶然に生起した出来事や問いしだいで、どこへでも、どこまででも延長されてゆく。したがってこの展開形式は、自然成長的ではなく、突然変異的である。そしてこのアミダクジ的展開こそ、後藤明生における記憶の様式である(25)。

『物質と記憶』においてベルクソンは、連合主義 associationisme の考え方を批判した。連合主義によれば、ある知覚された事物のイメージが、ある特定の記憶イメージを喚起するのは、それら二つのイメージのあいだに「類似」もしくは「近接」の関係があるからである。しかし、どのようなイメージも、他のすべてのイメージとなんらかの点で類似ないし近接しているといえる。とすれば、連合主義の考えに立つかぎり、なぜその記憶イメージが選ばれたのかということは説明できない。連合主義の誤りは、知覚と記憶とが一対一対応で結びつくと考えた点にある。しかし、記憶は総体をなしており、知覚はまず記憶の総体と関係し、そのつぎにはじめて類似と近接にもとづいて記憶が選択されるのである。だから知覚は特定の記憶と一対一対応で結びつくどころか、われわれが日常的に経験しているように、どんな記憶とも結びつく可能性があるのである(ベルクソン 一八九六＝一九九九：二六七〜二六八)。

後藤明生の小説において現在と過去とは、ベルクソンが主張したような垂直的な関係を持っておらず、むしろ連合主義の主張に似て、同一平面に水平的に並んでいる。ただし連合主義が、類似と近接にもとづいた一つの知覚と一つの記憶との必然的な結びつきを論じたのにたいし、後藤明生においてそれらは偶然的に結びつくもの、というよりむしろ「結びつかぬもの」である。まったく結びつかないもの、なぜ結びついているのか理解できないものが、連想によってつぎつぎに手繰り寄せられてゆく。あるとき突然、なんらかの疑問にとらわれる。そしてなぜそうなのかを考えるが、原因はわからない。そこにはいくら記憶を想起して過去を探ってみても埋めることのできない深い忘却の溝があり、そのためこの偶然的な出来事を了解可能にして世界を整合的なものにすることができない。主人公が存在するのは「因果律を超えた世界」である(後藤 一九八二 一九九〇：五六)。言いかえれば、主人公は世界とすれ違う。

知覚と記憶の関係を不確定なものとしてとらえる点では、後藤明生は連合主義よりもベルクソンに近い。しかし、ベルクソンの記憶論では、いったん知覚されたものは、記憶の総体と関係し、その記憶が知覚にもっともふさわしいかたちで集約され、知覚に光を投げ入れて行為を可能にするのだった。それにたいして後藤明生において、知覚された事物は、このような記憶の総体による手助けを得ることがなく、ただ連想によって別の断片的な記憶と結びつくだけである。しかも、その結びつきもけっして堅固なものではなく、つぎつぎにべつのエピソードが現れる。

連合主義が見落としているのは、知覚と記憶の一対一対応的な結びつきが可能なのは、ある種の「遠近法」(後藤明生)あるいは「フレーム」が暗黙裡に前提されているかぎりにおいてだということである。そして、これらの遠近法やフレームの役割をはたすのが、記憶にほかならない。だから記憶による構成作用が欠けているような状況では、知覚と記憶とは、どこまでも恣意的に結びついていく。これは第2章で触れたフレーム問題と同種のジレンマである。そしてこれが、後藤明生の小説の展開形式なのである。過去の断片的なエピソードが連想によって別の断片と接合されるだけだから、それがどれだけ想起されたところで、それらが積み重なって世界全体が理解可能になり、そのなかに自分自身が位置づけられるということにならない。世界はいぜんとして不可解なままである。

しかし重要なことは、ロボットを立ち止まらせるフレーム問題のジレンマは、人間においてはかならずしもそうではなく、むしろそのジレンマをテコとしてあらたに行為が展開されてゆくこともあるということである。後藤明生において特徴的なのは、世界の理解不可能性および過去の統合不可能性を指摘したことではなく——その点では後藤明生はとくにあたらしいとは言えない——、そのような不可能性がかくべつ〝主体の危機〟をもたらすものとしてとらえられていないことである。多くの探究小説から後藤明生の作品を隔てているのは、主人公の過去への関心のあいまいさである。記憶の欠落は、多くの文学作品において主体の危機をもたらすものとして描かれてきた。たとえばロブ＝グリエ『迷路のなかで』や安部公房『燃え尽きた地図』の主人公たちは、記憶の欠落のために自分が置かれた状況にたいする見通しを持つことができず、その状況の不可解さに困惑し、不安を抱いて行動に駆りたてられる。それにたいして後藤明生の主人公は、欠落した記憶を取りもどすべく探究をおこないながらも、想起された記憶はさらにべつの記憶を連想させ、そのため探究はたえずべつの方向に脱線し、そして切実さも希薄である。ときおり不安が現れることもある。しかしけっきょく、不可解なものを重く受けとめることは否定される。世界には不可解なものが満ちている。しかし、「そのことは決して不都合なことではないのである」（後藤一九九一：二五）。後藤明生における生のスタイルとしての笑いは、とりわけこの点にかかわっている。ちょうど洒落や地口の効果が、会話の全体的な文脈にではなく、直前の一単語にのみ依拠しているのと同様に、後藤明生における笑いは、全体性の回復を目指して開始されたはずの記憶の想起が、直前の一エピソードからどんどん脱線していくことから生じる(三浦 一九八三：二二六)。過去への関心のあいまいさが、後藤明生における生のスタイルの特異性を理解する手がかりである。この点を明確にするために、理解不可能性の二つの様態である「不条理」と「無意味」とのちがいを明らかにしてみよう。

4　不条理と無意味

不条理とは、特定の主体にとって意味を欠き、理解することができないということであり、基本的に主観の状態に依存している。それにたいして無意味とは、誰の目から見ても——つまり一般化された他者の視点から見て——理解しえないものであり、だから無意味にはある種の客観性がある。また、不条理とは、特定の主観にとって意味が欠如しているということだから、どこかべつの場所に真の意味が秘められているのではないか、という期待に余地をのこす。それにたいして無意味は、客観的に意味が欠如しているということであり、それゆえ意味はもはやどこにも求めるべくもないものである。だから無意味には、不条理にはない徹底性もある。

この不条理と無意味のちがいを、アドルノが論じたサルトルとベケットのちがいをとおして見ることで、より明確にすることができる。サルトルもベケットも、理解不可能な状況におかれた人間を作品に描いた点では似ている。サルトルにとって不条理 absurdité とは、人生や世界に意味がないことである。人間は意味を理解しえないままに世界のなかに投げ出され、そのなかでみずから行為を選択し、意味を見つけだしてゆくことを強いられている。しかしサルトルにとって、意味の不在であるはずの不条理は、ある種の積極的な意味をもっている。「世界は無意味だ」という認識じたいが一種の意味になり、作品の「主題」になる。それゆえその無意味の意味を哲学的に解釈することもできる。それにたいしてベケットの作品にあるのは、端的な無意味である。それは徹底して意味を欠いている。それは不条理というよりも、たんに馬鹿々々しいだけである。その馬鹿々々しさはいかなる積極的な内容もないし、それをもたないことがベケットの作品の形式的な原理になっている。サルトルにおけるそれとは対照的に、ベケットにおける無意味は、一種の意味に転化したりはしない（Canningham 2002: 131）。

さらに別の角度から光を当ててみよう。サルトル的不条理とベケット的無意味とのちがいを精神分析の用語で言えば、「疎外」alienation と「分離」separation とのちがいに当たる。主体は象徴的秩序（大他者）から発せられる命令に直面するが、主体はその命令が何のためにあるのかを理解することができず、他者のまえで無力で無能な自分自身に罪の意識をいだく。これが疎外の経験である。この罪の意識を払拭するために、主体は他者に積極的に同一化してゆく。しかしいずれ、その他者もなにか主体にはうかがい知れない奥深い理由があって命令を発しているわけではなく、たんに機械的・反復的にそうしているにすぎないこと、象徴的秩序じたいも絶対的なものではなく、穴だらけで首尾一貫しないものであること、が垣間見えるときが来る。これが分離の経験である。たとえば子どものときには何でも知っている絶対的な存在に見えた親が、自分が大人になるにつれ、意外に知らないことも多く、脆い存在であることが、なんとなくわかってくる。親は悪いことをした子どもを叱る。しかしあるとき子どもは、親が、なぜ悪いことをしてはいけないのかという問いにたいする明白な答えをもったうえで叱っているわけではないことに気づく……。

当初不条理と思われたものが、じつは無意味であることがわかるというような経験をすることがある。この疎外から分離への転換が生じるためには、主体自身が、象徴的秩序の内側に属していなければならない——ちょうど、親の脆さが透けて見えるのが、ある程度自分も大人になってからであるように。あるいは、ベケット的無意味が、サルトル的不条理の徹底であるように。S・ジジェクは、このような疎外から分離への転換を描いた代表的な作家としてカフカを挙げている（バトラー・ラクラウ・ジジェク［二〇〇〇］二〇〇二：三三三）。カフカの小説において、大他者の位置を占めるのは城の官吏(『城』)や法廷(『審判』)である。通常、カフカは疎外の作家として理解されがちである。つまり、なぜだけわからないままに城や法廷にいることを強制される不条理を描いた作家として。しかしカフカの主人公は、この理解不可能な状況にたいして、理由や原因を追究しようとしたり、積極的な行動をおこなうわけでもない。その意味でカフカが描いたのは、疎外というよりも分離の経験である。

後藤明生はカフカの小説に、自己が正体不明で形も大きさもわからない全体(世界)の部分になっているような構造を見出している(後藤 一九八七：三八)。「部分は単なる部分としてあるのではなく全体との関係においてあるのであり……見えるものは見えないものとの関係によって変形する」(後藤 一九八七：二〇二)。部分が不可視の全体に媒介されているという認識はヘーゲル的であり、そしてヘーゲルにもとづいて『小説の理論』を書いたルカーチ的である。小説においては、「諸部分の相対的な独立性と、それらの部分の全体への結びつきとが、解きほぐしがたく錯綜している」(ルカーチ 一九九四：八八)。そしてそれら諸部分の全体への不可能な統合にむけて、探求がおこなわれるのである。この不透明な全体から隔てられた部分という論理と、不条理＝疎外のそれとが似ているのは見やすいことである。

カフカの位置が疎外と分離のあいだで微妙であるように、後藤明生の作品もまた、一見すると不条理＝疎外の経験を描いているように見える部分も少なくない。しかし不条理＝疎外と無意味＝分離とを区別するひとつの分割線は、笑いの有無である。疎外から分離への転換の瞬間に、笑いが発生する。この転換によって、他者を覆い、主体を他者から隔てていたた厚いヴェールが消滅し、無が露呈する。その瞬間、他者の不透明さ、不可解さのために主体が強いられていた緊張がいっきょに緩和する。笑いはそこから発生する。

後藤明生の作品を不条理あるいは疎外の経験から隔てるのは、部分（自己）と全体（大他者）の関係を滑稽なものととらえる視点である。後藤明生の作品において大他者の位置を占めるのは過去である。このばあいの過去は、命令を発する他者であるよりも、呼びかける他者である。そしてこの呼びかけに応答するべく、主人公は探求をつづける。主人公は、敗戦によってとつぜん故郷を喪失する。しかし、そこから――たとえば江藤淳のように――喪失を埋めあわせるべく積極的に過去の探求にむかい、それと同一化するわけではない。あるいはそうしようとしても、その試みはたえず脱線し、過去とすれ違う。探求の試みはつねに脱線し、だから諸部分を統合して全体に辿りつくのではなく、部分から部分への偶然的なつながりしかない。しかしそれは、全体を消去することではなく、「部分としての樹の細部を見ることによって、森全体の構造を考え」ることである（後藤 一九八七：一一二）。だから部分が全体である。疎外＝不条理が全体の断片化にかかわる経験だとすれば、分離＝無意味は部分の多様化にかかわる経験である(後藤 一九八七：二〇二)。

5　非関係

笑いは記憶よりも忘却と結びつけて理解されることが多い。記憶はあらゆるものごとを因果的に関係づけ、必然の網の目に組みこむ。この網の目に拘束されているように感じられるとき、われわれの生は重苦しくなる。このとき記憶は生の桎梏になる。笑いは、この網の目がさだめる物事の秩序を突然転調させ、その事物の意味を引きはがす(クンデラ 一九九二：九〇)。当然こうあるはずだと思われていた秩序が瞬間的に消滅することによって必然が偶然に、意味が無意味に転化する。笑いが生じるのは、そのときである。だから笑いには、秩序の正当性を無化する破壊力と、記憶の拘束から生を自由にする解放力とがある。このような破壊的・解放的な笑いをもっとも豊かに論じたのはバフチンである。バフチンの笑いは、既成のいっさいの社会秩序を瓦解させ、転倒させる。

後藤明生においても、笑いは記憶よりも忘却と結びついている。しかしその笑いは、なんら解放的なものではない。人は笑いによって関係から解放されるのではなく、むしろたえず笑いの関係に拘束されており、そこから離れることができない。だからこの関係は「笑い地獄」である。このような笑いを考えるうえでは、バフチンよりもベルクソンの議論が有益である。

ベルクソンの定式化によれば、滑稽は「生の機械化」によって生じるものであり、笑いはその機械化にたいする社会的懲罰である。われわれの生は不断に生成変化している。その生の動きが、まるで機械のような自動性を帯びたものになるとき、こわばりが生じる。滑稽とはこのこわばりであり、そして笑いはこのこわばりを解きほぐす。いわば、滑稽とは逸脱的なものであり、笑いとはそれにたいする社会統制の手段の一つなのである。それゆえしばしばベルクソンの笑いは、いっさいの社会秩序を瓦解させるバフチンの革命的な笑いと対照されて、保守的な笑いと見なされてきた。ベルクソンの『笑い』の翻訳者である林達夫でさえ、あとがきでつぎのように言っているくらいである。「『ラブレー的哄笑』という重大な笑いのテーマがベルクソンの考察の外に終始置かれてきた……。(中略)要するに、彼は新しくもう一つ別なスケールと内容の『笑い』の理論を書かなければならない羽目におちいるだろう」(林 一九七六:二一三~二一四)。しかしベルクソンとバフチンとの差異は、保守的か革命的かといった点にあるのではなく、「笑い」を生じさせる「関係」についてのとらえかたのちがいにある。

バフチン的笑いは、意味の関係が瞬間的に解体し、個々の事物がそこから放出されるときに生じる。だからそれは無関係な笑いである。それにたいしてベルクソン的笑いは非関係な笑いである。

『笑い』では、生の機械化の具体的なパターンとして、「反復」、「逆転」、「諸系列 séries の交錯」の三つが挙げられている。これらはいずれも既成の秩序を無化させるのではなく、既成の秩序を裏返しにして別のものにする。生はたえず変化し、不可逆的に進行する。そして個人は独立した一つの系列をなしている。この生の特徴と反対の事態が生じたとき――すなわち不断に変化するはずが反復され、不可逆的なはずが逆行し、独立した系列をなしているはずが他の系列と混合されるとき――、滑稽が生じる。つまりこの笑いは、いっさいの関係が消滅したところに発生する無関係な笑いではなく、本来の関係がそれ自身とズレ、べつの関係に変形してしまうところに発生する非関係な笑いである。

後藤明生の小説にあるのも、この非関係な笑いである。主人公は、過去から現在へと生成するのではなく、過去を現在において反復する。また、時間は過去から現在へと一方向に進行するだけではなく、現在から過去へと逆方向にも向かう。その結果、過去と現在という二つの系列は、合流して一つの系列をなすかわりに交錯してすれ違う。これらのうち、とりわけ重要なのは最後の点である。偶然生起した現在の出来事の系列と、偶然想起された過去の記憶の系列とが、連合によってつぎつぎに交錯しながらも、忘却のために隔たりが埋められることはなく、合流して一つになることのないまますれ違う。滑稽さはこのすれ違いから生じる。

しかし後藤明生は、このような偶然性の生起によって引きおこされるすれ違いそれ自体を必然的と見なしている。「すべてのことは、とつぜん起るわけです。あたかもとつぜん起ることが最早や当然ででもあるかのごとく、とつぜん起るのです！」(後藤 一九九一：一六六〜一六七)。ここに見られる偶然(「とつぜん」)と必然(「当然」)の関係は、弁証法においてよくなされる偶然の必然への転化——〝偶然的に生起したように見える出来事も、ほんとうは歴史の法則の必然的な結果である〟——とはもちろんちがう。偶然的な出来事の必然への転化が可能となるのは、事後的な視点に立つことによってである。この視点に立つことによって、出来事を全体的な因果的文脈のなかに位置づけ、理解することができる。だからこの視点に立ちうるかぎり、どんなに予想を超えた出来事も、いったん起こってしまえば起こるべくして起こったものと見えてくる。しかし後藤明生が語っているのはそのような事後的な視点の不在であり、それゆえ偶然を必然に転化することの不可能性である。必然性への転化がないこと、そのことが必然的である。だからすべては偶然的に生起する。

6　忘却と笑い

近代においてはあらゆるものが急速に変化する。その意味で近代とは「記憶のない世界」である(ク

ンデラ 一九九二：二三四）。多くの近代小説が、この普遍的な忘却の力に抗して過去を（あるいは時間を）取り戻し、記憶の危機を克服すべく書かれてきた。それにたいして現代の小説の多くに見られるのは、それとはちがう記憶の様式および生のスタイルである。そこでは記憶の欠落は常態化し、主体が直面するのは危機というよりも不確定性である。この不確定性の一つの具体的なあり方を、本章では後藤明生の小説に見てきた。そこには過去への関心はないわけではないけれども、しかしそれは失われた過去をもとめて過去の自分と出会うことに執着するというのではない。偶然浮かんだ問いに導かれるままに時空の迷路をめぐるが、想起されるのは記憶の断片ばかりであり、けっきょく現在の自分は過去の自分とすれ違う。この想起の不全性は、記憶の欠落のためというより、いくつもの記憶の流れが相互に干渉しあうことに起因している。そしてすれ違いの連続であるような生は滑稽なものとして受けとめられる。生はつねにそのように滑稽なものであるほかない。だから笑いは生のスタイルである。ここに後藤明生における記憶の様式と生のスタイルがある。それらはその特異性において、現代における記憶と生の関連を示している。

第4章 反復する身体
——古井由吉——

1 相互浸透

『物質と記憶』に先立つ『意識に直接与えられたものについての試論』(『試論』)の第2章で、ベルクソンは有名な持続の概念について語っている。「流れ」や「リズム」のように絶え間なく変化するもの、反復しえない一度きりのかたちをとりつつ不断に生成するもの、そういった人間の生の特性をベルクソンは「持続」として概念化した。この持続の概念は、異質的な多様性の相互浸透として定義されている。持続においては、「無数の多様な諸要素が溶け合い、相互浸透し、はっきりとした輪郭をもたず、互いを外在化しようとする傾向はそこにはまったくない」(ベルクソン一八八九＝二〇〇二：

一四八)。この持続を可能にさせているものとして記憶が、つづく『物質と記憶』で主題的に論じられていくことになるわけである。したがって生の持続としての特性は記憶によってもたらされており、それが欠落するところでは、その特性も失われてしまう。

古井由吉の小説にあるのも、まさに異質的な多様性の相互浸透としての生である。哲学と文学という違いはあれ、ベルクソンと古井由吉は、生をおなじ位相で捉えている。にもかかわらず、両者の提示する生のあり方はずいぶん違っている。ベルクソンにおける多様なものの相互浸透が生を躍動させるものであるのにたいし、古井由吉におけるそれは、むしろ衰弱させるものである。この違いは、いったいどこから生じているのだろうか?

*

古井由吉の小説のなかでは、さまざまな価値が転倒されている。健康と病気とでは、健康のほうがよい。理性と狂気とでは、理性のほうが優位にある。自律と依存では、自律のほうが望ましい。死は生の彼岸にある。これらはいずれも、日常生活のなかで多かれ少なかれ前提とされている価値である。しかし古井由吉の小説において、これらの価値はつねにねじれている。健康になることは、病気になることと同じくらい破壊的である。理性は狂気を外部に排除するのではなく、むしろそれと向き合い、共振する。自律する人間は、依存する人間に依存する。死は生の外にあるのではなく、内にある。

このような価値転倒にもかかわらず、古井由吉の小説にはドラマティックな展開がほとんどない。より正確に言えば、ドラマはあるものの、けっしてドラマティックには書かれない。ドラマの非ドラマ的叙述こそ、古井由吉の文体の特徴である。古井文学はほとんどいつも、その特異な文体とともに語られる。細部の描写を切れ目なくつなぎ合わせてゆくことによって物語をゆっくりと進める文体は、まるで対象に極端に近づいて撮影したビデオカメラの映像を低速度で再生しているようであり、そのためドラマのリズミカルな進行が中断されるのである。

われわれの現実はある種の距離によってなりたっている。だが通常の視野から対象に極度に接近した視線に急激に転換するとき、現実を成りたたせている距離感が失われ、ある種の現実喪失がひき起こされる。主体と現実とのあいだにある距離を破って対象が侵入してくるとき、それは不気味なものとなる（ジジェク 一九九四＝一九九六：一八七）。古井由吉の小説は、しかし、匂いや肌触りといった、対象に密着した身体感覚の次元で書かれているにもかかわらず、この種の不気味さがない。たしかに現実喪失に似た状態があるのだが、それが一種の現実として成りたっているのである。価値は転倒されているが、その価値転倒された状態が常態として生きられる。もしも価値転倒を、排他的な二つの価値の関係を逆転することだとするならば、古井由吉にあるのは価値転倒ではない。

むしろそれは、異なる価値が不分明な境界のあいだを行きかう状態、いわば価値の相互浸透である。それはたとえばつぎのような具合である。

蟹は重い甲羅を引きずって、まるで生きていることがそのまま一種の病いのように、見るからに苦しそうに海底を這いまわっている。甲羅ができる前には、半透明の膜につつまれたプランクトンの仲間として海中を漂い流れ、偶々ほかの生き物の餌食になるのも、ほとんど死とさえ言えなかった。だが甲羅ができてからというもの、どんなに空と海の動きに感応して生長しても、蟹の生命はもう甲羅の中から一歩も外へひろがり出ることができない。そして蟹はわれとわが生命に病んで、刻一刻と甲羅の中に死を育てていく(古井［一九六九］一九七三a：三六)。

生きるということは、死を養うことなのだ。人間の生命は結局のところ、半浸透膜で外と隔てられた細胞のようなものであるように、私には思える。時の流れは自由にその中を通り抜けていく。そして通り抜けていく流れから、生命はすこしずつ死を漉し取っては内側に貯めていく。そのうちに死は内側に貯りきって、時の流れさえ通さなくなる。(中略)人間は内にたまった死によって、内に閉じこめられて死ぬのにちがいない(古井［一九七二］一九九四：三二)。

死は生の彼岸、主体が知ることも到達することもできない絶対的な外部ではない。死は時の流れとともに生の内側に浸透し、蓄積されていく。その意味で死は生の内部にある。一見、観念的に見えるこの認識は、たとえば慢性病の経験を念頭に置くとき、きわめて現実的なものであることがわかる。生と死、健康と病気とを二項対立的にとらえる認識は、急性病をモデルとして組みたてられた近代医療のパラダイムのなかで強化されてきた(26)。しかし慢性病を前提にするなら、このような認識はかならずしも成りたたない。そこでは生と死、健康と病気との関係は、もはや排他的ではない。慢性病を生きることは、つねに健康と病気とが混じりあい、すこし回復したと思えばまたすこし悪化する、といった曖昧なリズムを繰りかえしながら日々を過ごし、部分的な死を生きてゆく過程である。病いが長期にわたる慢性病においては、当事者がその病いの葛藤や苦痛を受けいれたり、それと折りあいをつけたりする過程で、その当事者独自の病いへの処し方、身心の持ち方、人生の捉え方など、一種の「病のスタイル」とでもいうべきものが形成される。

現代社会における疾病構造の変化(急性病から慢性病への比重の移行)にともない、慢性病はわれわれに身近なものとなり、それにともなってわれわれの生と死をめぐる認識にも大きな変化が生じている。ここで慢性病がわれわれの関心を惹くのは、現代における主体の経験をあらわす一つのアレゴリーとしてである。たとえば急性病は、目に見えやすく、単一の原因が作用し、急激に症状が現れ、唐突な死にいたることも稀ではない。それは主体の外部へと排除されなければならないし、それができない場合はその主体が排除される。病いは健康からの逸脱であり、死は生の外にある。急性病は主体にとって危機であり、それゆえ主体はそれをみずからの外部に追いやろうとする。それにたいして、慢性病は外からは見えにくく、複数の要因が複合的に作用し、症状は長年にわたって続き、完全な回復はほとんどない。健康と病は排他的ではなく、死は生の内にかかっている。それを主体の外部へ排除することは困難であり、それゆえそれは主体の内部で飼いならされる。慢性病の経験は主体にとって危険な状態にはちがいないが、しかしその性質は急性病的な危機とはずいぶん異なっている。すでに明らかであろうように、危機とは異なるこの性質こそ、本書で不確定性と呼んでいるところのものである(27)。

古井由吉の小説における身体は、異なる価値が相互浸透する場である。ベルクソンにおいて、生の持続を可能にするものとされた異質なものの相互浸透は、古井由吉において、衰弱をもたらしている。そしてこのことは、古井由吉における記憶の欠落と密接にかかわっている。記憶の欠如は強迫的な行為の反復として現われる。だがこの反復は、最終的にそれ自体、一つの生のスタイルへと練りあげられるにいたる。これより以下では、古井由吉の主として初期作品を対象としつつ、これらの衰弱・記憶の欠如・反復の相関性を明らかにすることをつうじて、脆弱な身体とその反復が、健全な身体とその記憶の例外的・逸脱的な状態ではなく、むしろ後者に先立つものであること、脆弱な身体とは身体の原初形態にほかならないことを示してゆく。

2　衰　弱

古井由吉の小説において、健康と病気、理性と狂気、自律と依存、生と死などは、截然と区別される排他的な二項対立をなしておらず、むしろ相互に浸透しあっている。そのため主体の生命力は外部に向かわず、内部で滞留しつづけ、その結果、主体はつねに衰弱している。にもかかわらず、主体はその病を克服しようとする〝健康への意志〟を欠いているかのように、むしろ衰弱の状態に留まりつづけようとする。

古井由吉が衰弱を肯定するのは、それが一種の防衛機制だからである。たしかに衰弱は生命力の低下である。しかしこの低下は、生命の危機を示すものではなく、むしろそれを回避する方法である。たとえば「雪の下の蟹」では、金沢で家の屋根に上って雪かきをしている主人公が、雪をスコップで起こしては投げおろすという際限もない動作の反復に、いつしか全身が快く汗ばんで生命の充溢を感じる。しかしその瞬間、とつぜん嘔吐感が主人公をおそう。吐き気をこらえながら、主人公は青年の癌の危険についての話——青年が癌にかかると、生命力が旺盛なぶん、癌細胞もまた爆発的に全身に広がり、急速に肉体を蝕むという——を思いだす。それ以来、主人公は生命の高揚は死を招きよせるというイメージにとり憑かれる。

若い肉体は衰弱の中にうずくまって死を思いながら、生命の危機を乗り越えてゆく。全身の弛緩というものは見事な防衛機制なのだ。しかし、もしも癌細胞が僅かにでもその生命を保っているうちに、何かのきっかけで全体の生命力がまた満ち上げてくると、癌細胞はたちまちその満潮に感応して、いよいよみずみずしい紅を帯びて、みるみる育っていくのかもしれない……
(古井[一九六九]一九七三a:二二)。

それゆえ衰弱は死の危険を回避する方法である。ここでは、健康と衰弱、そして生と死との関係が奇妙にねじれている。健康の増進は死を、そして衰弱こそが生を意味する。

また、「男たちの円居」(一九七〇)では、主人公は友人とともに雨の日に山小屋に行き、そこで数人の男たちと出会う。豪雨のために下界との連絡が立たれ、小屋に閉じこめられることになったが、そこで彼らとちょっとした行きちがいがあり、男たちが酒に酔って自分の体をナイフで傷つけるという異様な光景を目撃し、山を降りることを決意する。

……私たちは惰性にまかせて走り去った。ときどき衰弱感に襲われて泥水の中に倒れこんで止った。はじめの二、三度の瞬間は私たちを惨めな気持にした。しかし何度も繰り返すうちに、それはもう顚倒というよりも、落下の勢いが尽きて、膝が土の上にゆっくり崩れこむという風になり、泥水に坐りこんでも私たちは衰弱の心地良さに萎えて、しばらくは体を起こそうともしなかった(古井［一九七〇］一九七三b：一八五)。

豪雨の中、山道を走っては転び、走っては転びという反復が、徐々に生命力を低下させてゆく。しかし、ここでもやはり衰弱は、生命の危機を示すものというよりむしろ「心地良さ」を感じさせるものである。

古井由吉の小説では、衰弱はつねに肯定されるべきものとしてある。生を高揚させることは、意図せざる結果として危機を招く。だからむしろ、衰弱したままであり続けるほうが、相対的にましな選択である。こうして主人公は、衰弱を抱えて生きる。生命の充実を追求することが、結果としてその意図とは逆の事態を招くというねじれた事態は、家族療法で「問題行動―偽解決」と言われるものと似ている。たとえば不眠症者は、眠ろうとすればするほど、その努力のせいでかえって目が冴えてしまう。偽解決とは、問題行動の解決に向けた努力が、かえってその問題行動を促進し、悪化させるような解決のことであり、浅野智彦はこの「問題行動―偽解決」のループを「コミュニケーションのねじれ」と呼んでいる(浅野二〇〇一:八一)。治療は、この悪循環を断ち切ること、ねじれを解消することを目的とするが、それはこのねじれにたいして反対のねじれを対置し、促進することによってなされる。すなわち、あえて問題行動を積極的に促進するよう指示を与えるのである(「症状療法」)。たとえば不眠症者にたいしては、「耐えられないほど眠くなるまで決して目を閉じないように」といった指示がなされる。

「不眠の祭り」(一九七〇)をはじめとして、古井由吉の小説に不眠症の人間がしばしば登場するのはけっして偶然ではない。不眠、すなわち夜の覚醒(あるいは非睡眠)もまた、昼の覚醒と夜の睡眠との関係がねじれた現象である。古井由吉における生のねじれは、コミュニケーションのねじれ同様に、主体が自律を目指して自己をコントロールしようとするとき、意図せずして陥る悪循環である。衰弱への滞留は、この悪循環を、切断はしないまでも、中断させ、停止させるための戦略である。

この衰弱の背景には戦争と学生運動という二つの歴史的出来事の経験がある。前者にたいしては若すぎたために、後者にたいしては年をとりすぎていたために、古井由吉は図らずもそれらから幾分隔たることになった(28)。この距離をつうじて古井由吉は、それらの出来事の当事者たちを突きうごかすのが、当事者たちの掲げる崇高な理念よりも、おぞましくも魅惑的、暴力的にして圧倒的な、生のエネルギーであることを認識し、そしてそのエネルギーの高揚がしだいに崇高な理念を裏切り、出来事が終息へと向かっていく過程を見届けた。古井由吉の小説は、これらの出来事の〝後〟の時代に生きているという認識に裏打ちされている。衰弱を相対的にましなものと見なす認識は、生の高揚を目指した歴史的出来事が二度までも挫折した〝後〟の時代と切り離すことができない。第1章で言及したように、J・バーガーは、現代に特徴的な感性は、なにか終末が近づきつつあるという危機の感覚よりは、過去にすでにカタストロフが――われわれがよく意識しえないうちに――起こってしまい、現在にはもはや停滞しかないという「ポスト終末論の感性」であると言っている(Berger 1999: xiii)。古井由吉における衰弱は、まさにこのポスト終末論的な感性の一例である。

古井由吉は、後藤明生や高井有一、坂上弘といった一九七〇年前後に小説を発表しはじめた作家たちとともに「内向の世代」と呼ばれた。文芸批評家の小田切秀雄が最初にこのレッテルを用いたとき、この「内向」という言葉には、社会から目をそむけて私的生活にばかり目を向けているといった非難の意味が込められていた。たしかに内向の世代の作家の多くはもっぱら私的生活について書き、そしてそれは私化の傾向を示す七〇年代の日本社会の現実を捉えるものであったがゆえに、「内向の世代」という名称は文学史的に定着した。

古井由吉の小説は、たしかに私的生活を舞台としている。しかしそれをもって、社会生活の葛藤から身を引いて私的生活の安逸に耽溺しているというふうに見るならば、事態を見誤ることになる。葛藤は消滅したのではなく、より微細な領域に移行し、見えにくくなったのである。古井由吉の描く私的生活においては、多くの相反する力がせめぎ合い、相殺しあっている。だから表面的にはあまり葛藤がないように見えるが、じっさいにはそれは見えにくくなっているだけである。それはちょうど、メランコリーの状態に似ている。フロイトが述べたように、メランコリーは、表面的には外界への無関心や無為、自我感情の低下のように見えるが、無意識においては対象をめぐる憎悪と愛情の無数の争いがある(フロイト 一九一七＝一九七〇)。古井由吉の主人公は、私的生活のなかで、衰弱の状態にとどまり続ける。この衰弱は、さまざまな力が主体の内においてせめぎ合うことによって、生の流れが阻害されることに起因している。そのため、通常の人が生活のなかで無意識的にやり過ごしている部分を、主人公はそうすることができず、意識的にそれを制御しようとする。しかしここにも、ねじれが発生する。主人公は、それらの部分を意識的に制御しようとすればするほど、結果的にそれにとらわれ、行為の自由を失うという悪循環に陥る。衰弱した主体が直面するこのねじれあるいは悪循環を示すのは、反復である。

3　習慣・リズム・記憶

日常生活はさまざまな反復からなっている。たとえば靴を履くとき、意識することなくいつも同じほうの足から履くというレベルの反復や、毎日決まった時間に職場に行き、決まった仕事をするというレベルの反復、さらには同じサイクルの一日を一週間、一ヶ月、一年と続けるというレベルの反復。これら無数の反復、および反復の反復が、日常生活を形作っている。日常生活は無意識的な反復の連鎖によって成立している。このような反復が持続すると習慣が形成される。

しかし、われわれの生のなかにあるこれらの反復は、厳密に言えば反復ではない。むしろ人間の生は、切れ目のない連続的なグラデーションをなしている。たとえば脈拍、呼吸、月経、あるいは覚醒と睡眠、爽快と疲労、空腹と満腹、等々の現象は、一見、反復的な現象のように見えるが、じっさいには、いずれも切れ目なく連続的に変化している――ちょうど、明暗や潮の干満、月の満ち欠けや季節の移り変わりなどの自然現象と同じように。そのように切れ目なく連続的に推移するものにたいして、クラーゲスは「リズム」という語を与え、同じことの機械的な反復である「拍子」と区別している(クラーゲス 一九二三=一九七一)。日常生活は、同じことが単調に繰りかえされるのではなく、たえず微細に変化し続けながら揺らぎを描きだすリズムによって成りたっている。

このリズムは記憶の別名である。たとえばベルクソンにとって、純粋な記憶とは反復されることのない一度きりの出来事の記憶である。それにたいして何度も繰り返されることによって学習された記憶は、機械的な反復にすぎない。また、フロイトにとって、抑圧され、意識されることのない過去の記憶は、しばしば行為において反復(行動化)される。そして分析をつうじてこの記憶が意識化されるとき、反復は止む。ベルクソンとフロイトは、反復を不完全な記憶と見なす点では共通している。

古井由吉の主人公たちには、このリズム=記憶が欠けている。だからそのリズムを作り出すために、意識的に行為を反復しなければならず、その努力がなければ日常生活は崩壊の危機に瀕してしまう。「目覚めと眠りの満ち干を単純で自然な曲線にすることが、私の日夜の苦心だった」(古井 一九六九=一九七三a：九)。古井由吉の小説の主人公は、生に無意識的・持続的なリズムを与えようとして、意識的・機械的に行為を反復する。

古井由吉の小説では、時間感覚に混乱が生じるにともなって、空間が強く意識されるようになる。

そのことは、初期の作品においては「登山」への関心として現れている。登山は日常の反復を破って非日常的な生の一回性を、機械的な時間のなかで失われた生きた時間を、現出させる体験である。都市生活のなかで断片化された生の全体性は、自然における神秘的な体験によって回復される。あるエッセイのなかで、古井由吉はつぎのように述べている。「都会人の登山について言えば、生きた空間を取りもどしたいという欲求があきらかにはたらいている。都会の生活では……人の存在感も根もとにおいて閉鎖的になるか、群集的なものへひろがってしまうか、どちらかになりやすい。……張りを失った空間感覚と存在感を、平地から谷へ、谷から尾根へと運び上げて、地形の中にある人間のかたちを摑みなおそうとする」(古井 一九八〇b：八一)。山は「時間の流れを内に宿した空間」であり、そこにおいて個体は自然との連続を感じ、生の全体性を回復することができる(同上：八〇)。

しかし問題は、いつも下山した後に生じる。「どんなささやかな山旅であれ、旅からの帰還は私にとってつねにひとつの危機なのである」(古井[一九六八]一九七四：一八)。短編「木曜日に」(一九六八)は、都市のなかで失われた生きた時間を自然のなかで回復した後、ふたたび都市に戻ってきて直面する生活の困難を描いた作品である。主人公は、あるとき山頂で神秘的な体験をする。それをなんとか言葉にすることによって記憶に定着させようとするが果たせず、毎日の生活を反復しているうちに、しだいに山頂での記憶が遠のいていく。だがあるとき、それを思い出す。そのとき明らかになったのは、神秘体験をしたその山頂が、じつはたかだか五メートルほどの高さだったということであった。山旅から帰還した後で確認されたのは、山がどこにもない場所だったということである。生の全体性を回復することの不可能性を繰りかえし再確認しようとする試みは、戦争や学生運動の挫折の〝後〟という歴史的状況が影を落としている。そしてこの不可能性が明瞭に意識されるようになるにつれ、衰弱感が色濃く漂いはじめる。

古井由吉にとって、生命の原初形態は「半浸透膜」のようなものであり、そこでは個体の内と外との境界はあってないようなものである（古井［一九六九］一九七三b：三六、［一九七〇］一九七九：九八、［一九七二］一九九四：三二）。水の流れに初めと終りの区別がないように、生の流れにも初めと終りの区別はない。しかし都市生活のなかで、人は否応なく「個人」という単位のもとに存在することを強いられる。それはほんらい流れあるいはリズムとしてある生命が個体のなかに閉塞する過程である。この過程をつうじて、個体どうしを隔てる境界は徐々に強固なものとなり、そして区切られた内側に病や死が徐々に蓄積されてゆく。

ここで古井由吉は一つのジレンマに直面する。個体化の過程には二つの選択肢がある。個体になる道と、それを否定して全体性の回復を目指す道と。しかし、どちらを選択したとしても、結果的に自由は喪われる。個体になれば殻に閉じ込められ、自由を喪失する。しかし個体の境界を超えて解放を求めれば抑圧的で暴力的な熱狂につながり、やはり自由ではなくなる。個体を越えた全体性は、ただ想像的に回復されるか、現実的に回復しようとすれば、おぞましい集合的熱狂に陥る(29)。結局、選択肢は二つあるものの、現実にはどちらも選択することができない。衰弱は、この選択不可能な選択というジレンマに直面した主体の困窮のあらわれである。それは主体が積極的に選択したものではなく、選択不可能な選択を強いられた主体が困窮の果てに辿りついた、選択ならざる選択である。

前田愛は、古井由吉の小説では、時間軸にそって展開する物語の流れが解体されているかわりに、空間の磁場の中でゆれうごく生のかたちが追求されると言っている（前田二〇〇一：二四四）。生きた時間と空間を回復する契機が失われた〝後〟の状況において、登場人物たちは混濁した時間感覚のまま停滞し、いつしか閉じた空間を形成し、そのなかでせめぎ合う。「磁場」という言葉は、この閉じた空間——それは日常生活の別名である——のなかでのせめぎ合いを巧みに言いあらわす比喩であり、他にも古井由吉を論じる多くの論者が共通してこの言葉を用いている（三浦〔一九八二〕一九八八、柄谷〔一九八七〕一九九〇、吉本一九八八）。この閉じた空間には、健康と病、生と死、理性と狂気、現実と夢などの、さまざまな相反する力が流れこみ、せめぎ合って、一種の磁場を形成している。

たとえば短編「陽気な夜回り」(一九八二)では、ある夜、住み慣れた自宅の電灯のスイッチを、見ながらに押し間違えるということが起こる。主人公は、これは単なる間違いとしてではなく、「習慣の破れ」と考える。「全体のひずみはとかく末端の一点に集まる。一点と全体とが同等の重みとしてわずかに釣合いを保つということはある。その一点でヒューズが飛ぶ。飛んだのはすぐに繕うのだが、一度飛べばやがて習癖となり、おいおい全体に狂いが生じてくる」(古井〔一九八二〕一九九八:六六)(30)。この不均衡は、なにか特別な理由のためというよりも、「一連の流れが問題である」(同上:六四)。この「流れ」とは、習慣であり、リズムであり、記憶である。これらを欠いた主体にとって、日常生活はそれらを取り戻すべく試みられる必死の努力の連続である。習慣=リズム=記憶を欠いているために、主体は外界との接触を無意識に委ねることができず、外界を過剰に意識に留めようとする。それは妄想あるいは反復として現れる。妄想とは記憶の流れから横溢し、奔流する過剰な記憶であり、強迫的な反復行為はこの過剰記憶を制御しようとする試みである。「陽気な夜回り」の主人公は不眠に陥り、これまでの長い人生の積み重ねに徒労感を感じそうになるが、それを食い止めようとして体をこわばらせる。こわばることとは流れを拒むことであり、そしてこのこわばりを支えるのが私的な就眠の儀式である。儀式とは、「習慣習性というよりはもうひとつ深層に及ぶ」反復である(同上:六三)。

記憶と行為の流れが損なわれた状況において、妄想と反復が主体を支配する。それらは、生きた時間と空間を回復する試みが挫折した後、個体化のジレンマに直面した主体の衰弱のあらわれである。しかしこの衰弱は、社会的世界の葛藤から平穏な私的世界へと〝内向〟することを意味するわけではない。主体の内部にはさまざまな力が流れ込んでせめぎ合う。その結果、主体の感覚が研ぎ澄まされる。

このようなつらい息づかいの中で、私の感覚はひときわ明るくなり、ひときわ濃やかになり、身のまわりに現れては消えるさまざまな細事にかぎりない魅惑を感じた(古井［一九六八］一九七四：二二四)。

コップの中で静止した水に、ひっそりと魅せられていた。水はガラスの中に閉じこめられていながら、たしかに流動の力を内に含んでいる。その力を感じて硬いガラスが澄んだ響きを立てはじめる(古井［一九七二］一九九四：四七)。

個体の外部にある全体性、反復されえない一回性を回復する道が閉ざされ、主体はみずからのうちに閉ざされ、衰弱する。しかしこの衰弱とは、さまざまな力が消滅するためではなく、それらが主体の内部で反響しあうためであり、主体はこの反響に敏感になる。衰弱の結果、主体は日常生活を反復しながらも、一つ一つの場面がおびる一回ごとの陰影を受けとる感受性を獲得する。ここにおいても、あの生のねじれが現れている。個体の殻を破って全体性を、反復を破って一回性を求めようとすることは、結果的に、主体をより不自由にする。むしろ個体のなかに滞留し、反復を生きるとき、そこからかろうじて一回性が立ち現れるかもしれない。反復を乗り越える方法は、反復それ自体を反復することである。

したがって、古井由吉における妄想／反復は、記憶／リズムの対極にあるものではない。前者を徹底することが、後者へとつながるのである。このような反復の概念の特異なとらえ方が明瞭に現れているのは、『杳子』(一九七〇)である。それゆえ以下では、この作品に焦点を当てて論じてゆくことにする。

4　反復する身体

(1) 振　動

古井由吉の最初期の小説では、相反する価値が相互浸透は主人公の内部で起こる。脆弱な身体はこの相互浸透の場であり、衰弱は相互浸透の結果である。それにたいして『杳子』では、その相反する価値が、別の人物によって担われている。この作品は、山中の奥深くにある谷底で偶然出会った男女の、都会に戻ってきてからの関係の生成を描いたものである。主人公の杳子は神経を病んでいる。男は彼女と向き合い、治癒しようとする。それゆえこの作品は、一種の〝病妻物語〟である。一見すると、この作品は男を言語＝文化＝理性＝健康のほうに、杳子を身体＝自然＝狂気＝病のほうに位置づける、男性中心的な小説のように見えなくもない。しかしよく読むと、そうではないことがわかる。男は杳子を治癒しようとするが、逆に引き寄せられてゆき、杳子の振る舞いに共振するようになる。この小説の中心は、男でも杳子でもなく、二人の共振する関係である。

たとえばこの作品では、女性のほうには名前（「杳子」）が与えられているのにたいし、男性のほうは「男」という一般的なカテゴリーでしか書かれない。男の名前の欠落は、この男女の関係が、けっして自律と依存、健康と病気、理性と狂気といった二項対立的なものではないことを示唆している。たしかに男は助け、与える側であり、杳子は助けられ、与えられる側である。しかし男は、助けることによって助けられ、与えることによって与えられている。男のほうに名前がないということは男の同一性がないということであり、それはただ杏子という他者をつうじて規定される。ここにおいても、やはりあの生のねじれがある。自律する者は依存するものに依存する。健康になることは病気になることと同じくらい破壊的である(古井 [一九七〇] 一九七九:九八、一〇〇)。理性は狂気を自らの外部に排除するのではなく、むしろそれと向き合い、共振する。このようなかたちで共振する男女の関係は、『杏子』以降、『聖』(一九七三)、『栖』(一九七七)、『親』(一九八〇)、『槿』(一九八〇)などの長編作品において、さらに追求されてゆく。

杏子の行為にはなめらかさがなく、ほとんど強迫神経症者のように、行為をぎこちなく反復する。彼女は自分を取りかこむ「無限に多くの関係の糸」を一つ一つ確かめたいという衝動にとらわれている(古井 一九八〇:二八六)。みずからの行為を無意識のリズムに委ねることを拒み、一つ一つを意識のもとに照らし出そうとする。そして一度確認したことも、何度でも繰りかえして確認しないと気がすまない。この反復の背後には妄想がある。彼女の姉との確執から生じた妄想のために、杏子は健康になることを拒み、病の状態に止まりつづけようとする。

そのように反復する自分自身について、杏子はつぎのように語る。「あたしはいつも境い目にいて、薄い膜みたいなの。薄い膜みたいにふるえて、それで生きていることを感じてるの」(同上 一九七九:九八)。杏子の身体は薄い膜であり、健全な身体のように外界と内界とを明確に分かつ分離帯になることができない。それゆえ外界から流れこむさまざまな刺激がみずからの身体の内でせめぎ合う。このせめぎ合いがひきおこす振動を、杳子は細大漏らさず感受する。杳子の困難は、この振動をリズムへと織りあげることができない点にある。

しかしこの振動／反復を、たんにリズム／記憶の欠如した逸脱的な状態と見るのは間違いである。むしろ前者は、後者に先だつ、より原初的な状態である。人間を含め、あらゆる生体の運動にはリズムがある。リズム／記憶を獲得することによって、生は円滑になる。しかしどんなに複雑なリズムも、基本的には振動あるいは反復への変換の積み重ねとして成りたっている。たとえば、単純な吸引運動の発展形態として対象志向的な咀嚼運動があり、さらにそのうえに、差異化された口腔運動（言語）が構成されるように（樫村 一九九八：一四三〜一四四）。樫村愛子は、フロイトによるエルンスト少年の糸巻き遊び（"fort/da"）の考察を再解釈しながら、次のようにのべている。

> 欲動の振動のいわばシュミラクルとして調整された、他者の出現／消失の微妙なリズム・動物的規則性が、対象の恒存性、つまり対象の記憶の組織化を保証する。（中略）対象をめぐる内在的な欲動の運動に、いわば対象＝他者が歩み寄ってくることで、欠如＝苦痛に満ちた外界はその危険性を縮減され、幼児にとって処理＝認知可能となり、初めて主体に「記憶」される（同上：

一三八)。

振動を調整することをつうじてリズムが形成され、記憶が組織化される。それによって主体は外界に対処し、さまざまな運動を展開できるようになる。それゆえ、どのような複雑なリズム=運動も、原初的な振動の積みかさねとしてあり、その展開の途上にないリズム=運動を主体は獲得できない(同上:一四三〜一四四)。

このように、振動=反復がなければリズム=運動もない。とはいえ、前者がありさえすればつねに後者を獲得できるわけでもない。それは、反復練習なくして名選手や名演奏家にはなれないが、反復練習さえすれば名選手や名演奏家になれるわけでもないのとすこし似ている。振動からリズムへの移行は必然的なものではない。そして、そのあいだで立ちどまり続けているのが杏子なのである。

「薄い膜みたいにふるえ」ること、それは振動をリズムへと織りあげることなく、一回ごとの振動として感覚することである。杏子は反復する。だがそれは、おなじことの繰りかえしなのではなく、そのつど一回ごとの体験なのである。ちょうどトラウマの体験者が、過去の体験を記憶によって想起するのではなく、あたかも現在の出来事のように行為においてありありと反復するように。薄い膜としての主体は、みずからが受けとる刺激をリズムへと織りあげることなく、一回ごとの振動として感受する(31)。

(2) 癖

『杏子』にはもう一つの反復がある。それは癖である。振動が、外界の刺激を感受するときの反復であるのにたいして、癖は行為において現れる反復である。

いまのあたしは、じつは自分の癖になりきってはいないのよ。あたしは病人だから、中途半端なの。健康になるということは、自分の癖にすっかりなりきってしまって、もう同じことの繰り返しを気味悪がったりしなくなるということなのね。そうなると、癖が病人の場合よりも露わに出てくるんだわ(古井［一九七〇］一九七九：一四二)。

癖とは、動作や行為など、身体運動において反復される一定の特徴のことである。それはいつも決まったかたちで、運動に付随して現れる。癖について理解するためには、それをスタイルと比較してみるのがよい。癖もスタイルも、身体運動において繰りかえし現れ、そして運動の主体の特異性を示すものとして理解される点で似ている。にもかかわらず、両者のあいだには大きなちがいがある。身近な例として、これらの言葉の日常的な用法をふり返ってみよう。「スタイル」という語が肯定的な響きをもっているのにたいし、「癖」はしばしば否定的に使われる。「悪癖」という語はあるのに「良癖」という語はないし、「癖」はときに「欠点」と同じ意味で使われる。このちがいはどこから生じているのだろうか。

動作や行為など、身体運動はすべて連続的なリズムをなしている。たとえばボールを投げるという運動を例にとってみよう。それは全身を刻一刻と変化させてなされる運動であり、身体のありようは一瞬たりとも同じではない。にもかかわらず、そこにはある種の〝型〟(フォーム)があり、ボールを投げるたびに、一定のフォームが現れる。運動に付随するこの型こそ、スタイルに他ならない。動作や立ち居振るまい、言葉づかい、声の抑揚など、身体のさまざまな動きに、スタイルは現れる。ただしスタイルは、あらゆる身体運動に見出されるわけではない。それは基本的に、意識的な運動に限定される。たとえば眠っているうちにかならず布団から一定の形ではみ出してしまう人がいたとして、通常そのはみ出し方がスタイルと呼ばれることはない。それは睡眠が意識的な行為ではないからである。スタイルとは、意識的な運動における型のことである(32)。

眠っているうちにかならず布団からはみ出してしまう人は、「寝癖が悪い」と言われるだろう。癖は、ある動作のたびに、知らず知らず身体が一定の型をとってしまうというような、無意識的運動に付随する型である。スタイルのばあい、意識が身体を制御することによって、身体にたいする一定の自律性を獲得しているのにたいし、癖においてはこの制御がじゅうぶんに働かず、そのために身体にたいする自律性が確立されていない。だから癖には、自分自身の運動でありながら、自分の意志を超えた力が働いていて、自分でもなぜそうするのかわからないままに反復している、といった感がある。癖が、なにかしら不気味な印象を人に与えるのは、そこでは主体(意識)がみずからの運動を制御する位置にないことが露呈しているからである。スタイルも癖も、主体の特異性を示す身体運動の型であるが、前者が自律的な主体による意識的な身体運動に現れるのにたいし、後者は非自律的な主体による無意識的な身体運動に現れる。

「文体について」というエッセイのなかで、古井由吉はスタイルについて、つぎのように言っている。

スタイルというものは、本来、個人のものではない。個人が勝手に発明できるものでもないし、発明できてよいものでもない。それは時代のもの、社会のものであり、せいぜい階層、職業、年齢、土地柄のものである。個々人の次元までは、細分され得ないはずのものなのだ(古井一九八〇a：六九)。

あまりにも個人的なもの、あまりにも孤立したもの、あまりにも自己認識的なもの、自己の感覚にたのむものは、スタイルとはなり得ない(同上：七〇)。

通常、スタイルは主体の〝個性〟を表すものみなされている。しかし個性とは、あくまで社会的に承認されたものについてのみ言われるのであり、したがってスタイルが表現する個性とは「個人的なもの」ではなく、むしろ社会的なものである。このように、スタイルのばあい、主体はみずからの運動にたいして意識的であり、そしてその型は他者からの承認を得ている。ここには自己と他者との調和がある。それにたいして癖のばあい、主体はみずからの運動にたいして無意識的であり、そして型は他者からの承認を欠いている。ここには自己と他者の根源的な不調和がある。

しかし「杳子」において示される認識の驚くべき点は、どのようにして身体の自律性が確立されるか、という問いにたいし、通常の理解を転倒させている点にある。通常の考え方からすれば、主体とは癖の非合理性を払拭してスタイルを確立した存在のことである。言いかえれば、みずからの無意識的反復を意識的に制御し、かつ他者の承認をも得ることによって、主体は自律性を獲得する。

しかし杏子は、癖をスタイルへ練りあげるためには、むしろ前者を徹底すること(「自分の癖にすっかりなりきってしま」うこと)が必要だと考える。それゆえスタイルには、「癖が病人の場合よりも露わに出てくる」。つまり、癖以上に無意識的なのである。ここに逆説がある。スタイルにおいて、意識は運動を制御しているように見えるが、じつはそうではない。意識の制御がなくとも運動は自動的に反復されるのであり、意識はただそこに付随しているにすぎない。にもかかわらず、意識はみずからが運動の主体であると錯覚する。それにたいして癖は他者の承認を欠いているため、たえず反復は自動性を中断され、その反復について意識的にならざるをえない。反復の自動的な連鎖に付随する意識は主体ではない。むしろその連鎖が中断されたとき、その隙間において主体(自己意識)が立ちあらわれる。

健康になるとは、癖を脱することではなく、逆に意識しなくなるほどに癖に完全に同一化することである。健康とは、癖が存在しない状態のことではなく、逆に癖を自動的に反復しつづけられる状態のことである。スタイルを確立するとは、癖をより洗練された別の何かに置きかえることではなく、逆に癖を徹底することである。人が身体にたいする一定の自律性をもった主体になるのは、無意識的に展開される身体運動を意識が制御することによってではなく、逆にそこに同一化し、運動が主体と外界とを自動的に調整するリズムとして反復されることによってである。それゆえ、癖の側に無意識的反復にとらわれた非合理的存在があり、スタイルの側に行為を意識的に制御する理性的主体があるのではなく、むしろスタイルにおいてこそ自動的な反復があり、そこにみずからを主体と取り違える意識が付随するのにたいし、癖においては自動的な反復が中断され、その中断から主体の萌芽が立ちあらわれる。

杏子の強迫的な反復行動は、主体の確立をめぐる必死の試みである。たとえば、杏子は姉を憎んでいる。それは、かつて姉自身もまた、杏子とおなじような病状だったにもかかわらず、今ではそのことを忘れ、平然と日常のむき出しの反復のなかに生きているからである(古井［一九七〇］一九七九：一三九〜一四〇)。杏子はそのことを忘れることができず、そのために反復のなかに埋没しきることができない。そして、かつて自分もおなじ病に罹っていたにもかかわらず、自分を気味悪がる姉を憎んでいる。杏子の反復への同一化を妨げるのは、この記憶である。癖をスタイルへ織りあげるうえで必要なのは、忘却である。言いかえれば、記憶を無意識化ないし潜在化することである。

(3) 共　振

『杏子』において、男は杏子のほうに引き寄せられ、いつしか身体的反復に共振しはじめる。杏子は「病気を内につつんで、そのまま成熟して落着くことを願って」おり、男は、最初は「杏子の病気をなおしてやろうという思い上がり」をもっていたが、後にはそれも消え、杏子と一緒にいることだけを望むようになる(古井［一九七〇］一九七九：九九)。男もまた、杏子との関係をつうじてしだいに杏子のふるまいに共振するようになる。自律と依存の関係から共振する関係への転換は、すべて杏子にたいする男の位置の変化にともなって生じており、その逆ではない。自律と依存の関係が言語的であるのにたいし、共振する関係においてはむしろ身体が重要である。言語的な関係は、おのずと発話する主体の視点に還元される。だからもっとも有効に状況や関係を定義しえた者がその状況や関係を支配する。それゆえ意味づけをめぐる主体間の争いが起こる。それにたいして身体的な関係の場合、それは特定の主体の視点には還元されない。その関係は複数の身体のたえざる共振によって作り出される磁場だからである。「彼は杏子に合わせて音を立てて食べながら、内側から自分の顔の動きを、同じ物哀しげな表情の、同じ鈍重な反復をじっと感じ取っていた。そうして薄暗がりの中で二人して同じ反復に耽っていると、体を合わせている時よりも濃い暗い接触感があった」(古井［一九七〇］一九七九：一四四)。このような共振をつうじて、二人のあいだには「二度と繰りかえしのきかない釣合い」が実現される(古井［一九七〇］一九七九：一四四)。

だがこの小説の最後の場面で、杏子は病院に行って治療を受けることを決意する。その後で、男と並んで部屋の外の風景を眺めながら、杏子はつぎのように呟く。「ああ、美しい、今があたしの頂点みたい」(古井 [一九七〇] 一九七九 :: 二四五)。ここでは、杏子が健康(自律的な主体)になれば、共振する関係が生み出している均衡も崩壊するであろうことが予感されている。病からの回復を目指して反復から脱出を試みることは、新たな反復のはじまりであるかもしれず、彼女に幸福をもたらさないかもしれない。それでも、あえて健康になることを選択し、脱出が試みられる。これは反復からの脱出ではなく、反復それ自体の反復である。この反復の宿命化とともに、杏子の目に映る風景は幻想的に美化される。

5　反復の反復

古井由吉の小説のなかでは、生と死、健康と病気、理性と狂気、自律と依存といった諸価値は相互浸透し、境界はあいまいである。主体の内にはさまざまな相反する力が流れ込み、せめぎ合う。その結果、主体は衰弱に陥る。だが主体は、あえて衰弱を選択する。なぜなら、それを克服しようとする試みは、意図せずして、よりいっそうの危機を招くからである。こうして衰弱のなかにとどまる主体は脆弱な身体を抱えこむことになる。この脆弱な身体は、みずからの行為を記憶＝リズムの流れにゆだねることができず、振動や癖として、ひたすら反復する。だが反復＝振動＝癖は、記憶＝リズム＝スタイルの例外的・逸脱的な次元ではない。後者の次元に至ることができるのは、前者を乗り越えることによってではなく、むしろそれをさらに反復することによってである。古井由吉における反復する身体は、現代の不確定性のもとで生きられる生の一つのスタイルを示している。

第5章 成熟の探求
——村上春樹——

1　探求の逆説

人間の自由にとって、不確定性は両義的である。フロイト的な観点から見れば、それは人間を不自由にするものである。なぜなら記憶の不確定性のために、忘れていた過去の記憶に後になって苦しめられるということもあるからである。しかしベルクソン的な観点から見れば、それがあるからこそ、人間は自由なのである。記憶の不確定性ゆえに、人間の行為はつねに状況にたいする機械的な反射以上のことをなしうるからである。

二〇年以上にわたって小説を書き続ける過程で、村上春樹は態度変更を遂げた。それは、社会的世界から離脱して私的世界へ向かう態度（デタッチメント）から、その逆に私的世界を出て社会的世界へ向かう態度（コミットメント）への転回である。ここでこの態度変更が興味を惹くのは、これら二つの態度が、ちょうど記憶の不確定性の二つの側面を示しているからである。基本的に村上春樹の小説は、記憶の、そしてさらには世界の不確定性——事物の多様な因果的流れ——を軸に成りたっている点では一貫している。ただ、初期作品ではそこから身を引き剥がすことによって自由になろうとしていたのにたいし、後期作品ではそこに内在することに自由を見い出そうとする。それゆえ、この態度変更に焦点を当てて村上春樹の小説を読むことによって、不確定性の経験の〝幅〟を見ることができる。

＊

村上春樹の小説には旅が重要なモチーフとして現れる。とりわけ『羊をめぐる冒険』（一九八二）以降の多くの長編小説において、物語は冒険小説的な構成をとっている。私的世界で快適な生活を送っていた主人公は、さまざまな奇怪な人や出来事に遭遇し、しだいにトラブルに巻き込まれてゆく。主人公は、そのトラブルを解決するためにやむなく行動に出て、さまざまな場所を巡りながら冒険をおこなう。その過程で主人公は、より深く、より錯綜したもう一つの世界、この現実世界から隠された〝闇〟の世界に引きずり込まれてゆく。そしてこのもう一つの世界の錯綜ぶりに直面して、主人公はたじろぎ、それまでの来歴を省みる。

しかしどうして僕が古い世界を捨ててこの世界の終りにやってこなくてはならなかったのか、僕にはその経緯や意味や目的をどうしても思い出すことができなかった。何かが、何かの力が、僕をこの世界に送りこんでしまったのだ。何かしら理不尽で強い力だ。そのために僕は影と記憶を失い、そして今心を失おうとしているのだ（村上一九八八(上)：一八六）。

あんたは自分が何を求めているかがわからない。あんたは見失い、見失われている。何処かに行こうとしても、何処に行くべきかがわからない。あんたはいろんなものを失った。いろんな繋ぎ目を解いてしまった。でもそれに代るものがみつけられずにいる（同上一九九一b(上)：一六二）。

前章で見たように、前田愛は、多くの都市小説において、迷宮的な都市のなかでの探求がそのまま内面への旅につながる物語構造があることを指摘している（前田一九九二：五七二）。村上春樹の小説にも、まさしく空間的探求と時間的内省との相関がある。主人公は何かを求めているが、しかし何を求めているのかがわからない。「まるで捜し物の最中に、何を探していたのかを忘れてしまった気分だった。いったい何を捜していたのだろう？」（村上一九八三：八三）　何かを求める探求の行為は、自分は今まで何を求めてきたのか、という内省につながる。それゆえ、村上春樹の旅は、冒険ではなく探求と呼ばれるべきものである。冒険の場合、その理由と目的は最初からはっきりしている。なぜその冒険を行なうのか、何を獲得しにいくのか、といったことは、冒険に先立って明らかである。それにたいして探求の場合、それらの理由や目的は不明であり、それらは探求をおこなう過程で遡及的・再帰的に見出される。だから探求はしばしば人生の比喩となる。たとえばヴィトゲンシュタインは、あるところで次のように言っている。「わたしの仕事の仕方は、つぎのような具合である。なにか名前を思い出そうとするが、どうしてもできない。そこで、『別のことを考えなさい。そうすれば、その名前を思い出すでしょう』――というわけで、いつもいつもわたしは、ほかのことを考えなければならなかったのである。つまり、ながいあいだわたしのさがしもとめていたものはなんであるか、を思い出すためにである」（ヴィトゲンシュタイン一九八一：八六　強調原文）。病の経験が〃旅〃の比喩で語られるとき、そこにもこれと同じ逆転が現れる。慢性病患者の語りを分析した社会学者A・フランクは、つぎのように言っている。「病人が目的意識を持つにつれて、病とは旅であるという考えが現れる。旅の意味は回想的に現れる。すなわち、旅は自分がどんな種類の旅をしているのかを発見するためになされるのである」(Frank 1995: 117)。このように、探求においては目的と手段、原因と結果の前後関係が逆転する。目指されるべき目的＝対象があって、それを実現する手段として探求がなされるのではなく、探求をつうじて、その探求の目的が遡及的に見出される――自分が探し求めていたのはこれだったのだ、というふうに。何を探しているのか知らないままに探求すること、そしてその過程で探求の目的が遡及的に見出されること。ここに探求の逆説がある。

*

村上春樹が初期作品において追求していたのは、私的な日常生活にとどまって、孤独に生きる生き方であった(Cassegard 2002)。一見それは、豊かな消費社会のなかで、他者との葛藤を避け、成熟を回避するモラトリアムの態度のように見える。じっさい、そのような批判も少なからず寄せられてきた。しかし、この種の批判は特定の成熟観を前提にしており、そして今日では、これまで成熟のあり方を可能にしていた社会的条件が変わりつつある。近代以降、社会の発展は個人の発達と相関してとらえられ、近代化の過程はライフコースの比喩でもって語られてきた。たとえば経済「成長」、「発展」途上国、「成熟」社会、等々。しかし成熟社会の到来は、逆説的なことに、個人の成熟を困難なものにした。成長段階の社会においては、成熟とは既存の社会的な規範や価値を自らのモデルとして内面化・同一化し、それらをつうじて自己実現する態度のことであった。そしてその規範や価値は歴史的・文化的につくられるものだから、成熟とは、過去を否定し、未来の発展や進歩しか見ない青年的な態度を脱し、自己と自己を育んできた歴史や文化とのあいだで折り合いをつけつつ生きる大人の態度を獲得することを意味していた。だから成熟は、葛藤から和解へ、あるいは離脱から回帰へという過程をたどることが多かった。

しかし社会が成熟段階に達すると、規範や価値は一様ではなくなる。それゆえ規範や価値の内面化・同一化としての成熟もまた、一様ではなくなる。このような状況においては、成熟の遅延は不可避である。規範や価値がいくつもあるために、そのなかからどれを自分が同一化すべき対象とするかを、自分自身で選択しなければならないからである。「モラトリアム」という言葉には、一時的、暫定的という語感がある。つまり、今は一時的に成熟を留保しているが、いずれまたもとの成熟の過程に戻るはず(あるいは戻るべき)だ、というように。しかし、もしも成熟の遅延が社会の構造的な変化にともなって現れたものだとすれば、それが一時的であるという保証はかならずしもない(33)。

村上春樹の小説は、現代における成熟の困難を示している。主人公は、成熟を回避するどころか、むしろそれに固執している。主人公のおこなう旅は、成熟の探求である。村上春樹の小説は、既存の成熟のあり方が困難になった成熟社会における、もう一つの成熟のあり方を追求している。そのことを知ることによって、われわれは、現代における成熟について、より明確に理解することができるだろう。そこでこれより以下では、村上春樹における成熟の探求について、論じることにする。

2　私的世界：記憶の不在

(1) 無関心

村上春樹の小説の主人公は、しばしば周囲の人間——たとえば『ノルウェイの森』(一九八七)の直子や『ダンス・ダンス・ダンス』(一九八八)のユキ、『ねじまき鳥クロニクル』(一九九四〜一九九五)の笠原メイなど——から「変ってる」と言われる。だが主人公は、自分が普通であり、平凡であり、まともな人間であることを彼女たちに、そして自分自身にくりかえし告げる。たしかにある一点を除けば、主人公は別段変わってはいない。それは主人公が絶対的に受動的な人間であるという点である。わけの分からぬ双子の女の子が突然自宅に入り込んでこようとも、見知らぬ女性から謎の電話がかかってこようとも、主人公は動じない。もちろんそれらの意味は理解できないが、あえて理解しようとする気もなく、ただそれらを受け入れるだけである。主人公はつねに事件に巻き込まれる当事者でありながら、けっしてみずからの行為を進んで選択する能動的な主体とはならない。その意味では、たしかに「変ってる」。

この受動性は社会適応の断念から生じている。社会が急速に変化するとき、多くのものが喪われてゆく。変化があまりにも強力で急速であるとき、変化を克服するためにそれに適応しようとすることも、あるいは変化に抵抗して喪失を記憶にとどめようとすることも、ともに多くの苦痛をもたらす。だから主人公は自己を世界から切り離し、徹底した受動性によって、みずからの私的世界にとどまる。あらゆるものから距離をとり、無関心の態度を維持すること。それが村上春樹のとった防衛機制である。社会の変化に適応することを断念した主人公は、あらゆる喪失を受け流す。「あらゆるものは通りすぎる。誰にもそれを捉えることはできない」(村上一九八二：一四七)。一連の作品の中で、じつに多くの人間やものが失われていくが、主人公自身、それらにたいする強い執着を見せることは稀であり、つき合った彼女の顔さえも忘れているぐらいである。あらゆる喪失に執着せず、あらゆる不可解な出来事を受け流し、あらゆるものから距離をとること、それが主人公のスタイルである。

＊

距離をとることをスタイルとする態度は、作品を書くスタイルにも及んでいる。

僕がここに書きしめすことができるのは、ただのリストだ。小説でもなければ文学でもなければ、芸術でもない。まん中に線が一本だけ引かれた一冊のただのノートだ（村上一九八二：一二）。

最初の小説を書き始めるにあたって、それが小説や文学、芸術であることが否定され、表現の価値絶対化への留保が示される。この留保は、主人公が社会的中心から隔たって存在することと平行している。「リスト」や「ノート」といった言葉から連想されるのは、断片的な「記録」のイメージである。じっさい、『風の歌を聴け』（一九七九）は四〇、『ピンボール』（一九八〇）は二五の短い章からなっており、それらの章のなかに、主人公の好む音楽や食べ物、ファッションなどさまざまな記号的アイテムが散りばめられた日常生活があり、そのなかで経験される出来事が断片的に綴られる。他者との会話はきわめて短く、関係が進展する過程が描かれることは稀である。急速に変化する社会のなかで、あらゆるものから距離をとり、無関心を維持しつづける主人公に語るべき過去の記憶はないか、あっても語るに足るようなイメージを結ばない。後年の『ねじまき鳥』や『海辺のカフカ』といった作品とちがい、初期作品のなかで記憶は、ほとんど無価値なものとされている。「僕が別れた彼女（妻：引用者注）について知っているのは、彼女についてのただの記憶にすぎない。そしてその記憶はうらぶれた細胞みたいにどんどん遠ざかっていくのだ」（村上一九八五（下）：二五）。したがって書かれたものは、過去を追想し、物語る小説というよりも断片的な記録に近くなる。「ただのリスト」というのは、かならずしも謙遜や皮肉、あるいは修辞といったものではなく、断片的な記憶と語りを記録するのにふさわしい形式として選択されているのである。第1章でも引用した小林秀雄の次の文章は、近代の都市生活のなかで、記憶と語りが断片化する様子について、まざまざと示している。

振り返ってみると、私の心なぞは年少の頃から、物事の限りない雑多と早すぎる変化のうちにいじめられて来たので、確乎たる事物に即して後年の強い思い出の内容をはぐくむ暇がなかったと言える。思い出はあるが現実的な内容がない。殆ど架空の味わいさえ感ずるのである。(中略)何等かの粉飾、粉飾と言って悪ければ意見とか批評とかいう主観上の細工をほどこさなければ、自分の思い出が一貫した物語の体をなさない……(小林 一九六八:三一～三二)。

この文章は、作家の瀧井孝作と列車に同上し、窓から山際の小径が見えたとき、瀧井孝作が子どもの頃を思い出して感動したと小林に語って聞かせたときの反応として書かれている。第1章で強調したように、ここで言われているのは故郷喪失ではなく、故郷の不在である。瀧井孝作が失われた故郷についてのノスタルジーを示しているのにたいし、小林秀雄において失われたのは、故郷ではなく、故郷を持つ可能性そのものである。

記憶がないとき、語りは一貫性を欠き、それを一貫させるためには「主観上の細工」をほどこさなければならない。記憶や語りが不可避的に断片化する社会環境のなかで、「主観上の細工」を施して記憶や物語に首尾一貫性を与えようとするとき、それらはイデオロギーになる。この認識は、この文章とほぼ同じ時代に書かれたベンヤミンのアウラをめぐる認識に通じている。複製技術論においてベンヤミンは、アウラの崩壊した近代において、それを意図的に回復させようとする試みがナチズムにつながっていくさまを指摘した（ベンヤミン［一九三六］一九七〇）。そしてアウラの崩壊をアイロニカルに肯定するスタンスで批評を展開していったベンヤミンは、膨大な『パサージュ論』が示すように、断章という表現形式を好んだ。それは都市の現実の断片的な性格を捉えるのに適した表現形式だった。同様に、「様々なる意匠」に始まる小林秀雄の初期の文芸批評は、一貫した語りがあるかのように見せかける様々なる意匠――「主観上の細工」あるいはイデオロギー――にたいする批判としてあったのであり、そしてこの時期の彼もまた、アフォリズムや短文を好んだ。

村上春樹の初期作品もまた、一貫した物語というよりは断片的なリストやノートに近いものである。しかし、記憶の不在および語りの断片化は、小林秀雄におけるようなアイデンティティの危機を、村上春樹にもたらしていない。社会の急速な変化によってあらゆるものが失われてゆくのに合わせて、主人公もあらゆる喪失を受け流す。これを可能にしているのは私的世界という場所である。この場所は、社会的世界のさまざまな拘束を逃れるにつれて夢や無意識に似てくる。そこではどんなことでも、時間的順序や一貫性もないままに起こる。この世界がきわめて私的なものでありながらも息苦しい閉塞感を持たないのは、それが「誰でも入れるし、誰でも出ていける」(村上一九八八(下):三二七)流動的で開放的な世界だからである。ここには人間関係の葛藤がいっさい存在しない。その種の葛藤は、同心円的構造の内部で中心からの遠近を争うものであるが、この世界はいわば離心円的 eccentric に構成されている。「僕」は一つの世界の中心として、「ふつう」の人間が目指す社会的世界の中心から隔たっている。そして、社会的世界からの逸脱者を受け入れるが、しかしみずから社会的世界の方へ赴くことはない。この私的世界を受動性によって維持しようとするとき、この世界は社会という中心を相対化するもう一つの場所となる。主人公が「変わってる」のは、絶対的な受動性によって、世界が離心円的構造をなしているからである。

このように、主人公は社会的世界で他者とかかわるよりも、私的世界にとどまり、孤独であることを選ぶ。そしてあらゆる喪失に固執せず、あらゆる不可解な出来事を受け流す。だから主人公は世の中の多くのことにたいして無関心である。しかし、ここで注意しなければならないのは、この無関心が、一種の倫理的態度として選択されていることである。それがどのような論理によって可能となっているのか、というのが、次に問われるべきことである。

(2) 二つの成熟

村上春樹がそこからアンビヴァレントに距離をとる中心とは、典型的にはつぎのような認識を指している。「『成熟』するとは、喪失感の空洞のなかに湧いて来るこの『悪』(母=自然を見捨てたことの罪悪感：引用者注)をひきうけることである。実はそこにしか母に拒まれ、母の崩壊を体験したものが『自由』を回復する道はない」(江藤［一九六七］一九九三：三二)。これは江藤淳の『成熟と喪失』の一節である。江藤淳における成熟とは、快楽と万能感に満ちた私的世界の喪失を契機として、社会的世界において責任ある主体として生きることを決断することである。たとえば『成熟と喪失』において詳細に論じられた小島信夫の『抱擁家族』に、つぎのような場面がある。主人公の三輪俊介は妻と姦通したアメリカ人兵士ジョージにたいして責任を追及するが、ジョージは俊介に向かって「僕は自分の両親と、国家に対して責任をかんじているだけなんだ」と述べ、三輪夫婦をたじろがせる。その場面を受けて江藤淳は次のように言う。「この論理に対して俊介夫婦がたじろぐのは、彼らが『恥ずかしい』父のイメイジを極力消去しようとする近代日本の文化のなかで生きて来たからにほかならない」(江藤［一九六七］一九九三：七一)。そして、父＝国家の欠落は、敗戦のみならず、そもそも明治以来の日本の近代化に原因を持つものであり、そのようなところにおいて成熟するためには、母＝自然の崩壊のもたらす喪失感をひきうける以外にない、というのが『成熟と喪失』において主張された議論であった。ここで江藤淳が語っている成熟は、さきに述べた近代的な成熟観——歴史的文化的に形成された規範や価値への同一化をつうじた主体性の確立——と完全に一致している。

〝成熟と喪失〟は、村上春樹の作品のなかに繰りかえし立ち現れてくる主題である(34)。主人公は成熟をもとめて探求する。しかしそれを目指しながらも、その実現を先送りしつづける。この先送りは、成熟が拒絶されているからではなく、その逆にきわめて強く意識されているからである。たとえば『風』『ピンボール』『羊』という初期三部作に出てくる「鼠」は、ナイーヴな少年の部分を引きずった青年であるが、この「鼠」は『ピンボール』においてみずからの成熟の場所を探すべく旅立ち、『羊』において死ぬ。しかしそれ以降、『世界の終り』から『ノルウェイの森』『ダンス・ダンス・ダンス』そして『国境の南、太陽の西』(一九九二)に到るまでの作品において、成熟以降の話が描かれるどころか、逆に〝冒険〟や〝旅〟などのかたちで成長物語的な構成は強められてゆく。「成熟と喪失」は、これらの作品群に一貫するライト・モチーフをなしているが、しかしこの成熟はけっして成就されない。「成熟」や「責任」といった言葉がくりかえし書かれながらも、それらは迂回される。

たとえば『世界の終り』では、物語は主人公の住む現実世界を舞台とする章(「ハードボイルド・ワンダーランド」)と、主人公の無意識が作り出した世界を舞台とする章(「世界の終り」)とが交互に現れるかたちで展開する。この二つの世界を結ぶのは、主人公の脳である。この脳に組み込まれた暗号システムが故障したため、主人公は現実世界に戻れなくなる。そのことに主人公は一瞬動揺するが、しかし現実世界で死に、無意識の世界＝「世界の終り」で永遠の生を生き続けることを、みずからの「責任」や「義務」として受け入れられる。

『ノルウェイの森』では、親友の「キスギ」とその恋人の「直子」、そして主人公とのはかない調和的三角関係が、キスギの自殺によってピリオドを打たれた後、試行錯誤の末に僕は直子を「責任」をもって引き受けること、「成熟」することを亡きキスギに誓うが、しかし、それも直子の死によって断ち切られる。主人公は再びさまよったあと、もう一人の女性、「緑」のもとへ向かうべく電話をするが、緑の「あなた、今どこにいるの?」という問いに不意を突かれる格好になった主人公は、三たび混乱に陥る。

『ダンス・ダンス・ダンス』においても主人公は相変わらずさまざまなものを喪失し続け、どこに行くべきかを見失っているが、それでも日常生活というダンスを踊り続けることを決意する。なぜなら「それが唯一の現実」だからであり、そして現実との接点としてのユミヨシさんと暮らすことを選択する。しかしその場所は、最初に住んでいた東京ではなく、(鼠や羊男のいた)北海道である。

『国境の南、太陽の西』においては、妻子のある主人公は島本さんとの不倫によってみずからの幻想を追い求めようとするが、最終的にはそれを断念し、これからは自分の幻想を追い求めるよりも、誰かにたいして幻想を紡ぎだしてゆかなければならないと考える。しかしこれも奇妙といえば奇妙である。不倫が結婚の日常性・現実性にたいして恋愛の非日常性・幻想性を回復させるものとしてあるとすれば、不倫を断念し、妻子のもとへ返ることは現実を受け入れることであるはずである。それなのに、主人公はそれを「幻想を紡ぎだすこと」と捉えている。

主人公はつねに喪失による空洞を感じており、それを充たすべく日常生活を離れて旅に出る。この旅は、最終的には日常生活への帰還によって終えられる。しかしそれは、遠くに幻想を求めることを断念して近くの日常生活を現実として受け入れることではなく、むしろ近くの日常生活を幻想化しようとすること、あるいは幻想的世界を日常生活の場とすることであった。旅を経由した後の日常生活は性質を変えており、もとのそれと同じではない。それゆえ旅からの帰還は現実への回帰ではない。現実は留保される。成熟を目指した旅からの帰還は主人公に充足と確信をもたらすかわりに不安と懐疑をもたらす。そしてまたつぎにはおなじような峻巡が繰りかえされる。

村上春樹の小説における成熟を江藤淳的な観点から読むとき、それらは内閉的で他者と向きあわないモラトリアムの青年の話にすぎないように見える[35]。しかしそのように読むかぎり、両者のあいだにある差異が見えなくなってしまう。必要なのは、その差異を言語化することである。

『羊』以降の作品において、冒険小説的な構成が強まったことはさきに指摘した。そしてそれとともに、主人公の世界認識も変わってくる。主人公は相変わらず受動的である。しかしそれらの作品では、受動的である理由が以前と違ってくる。初期の『風』および『ピンボール』において主人公を私的世界にとどまらせ続けたのは、社会の変化の速度だった。急速な変化がもたらす喪失に固執することは苦痛をもたらすし、かといって変化に適応することもできない。このことが、主人公を受動的たらしめた理由だった。

それにたいして『羊』以降の小説において重要なのは、変化よりも複雑性である。出来事は世界の複雑な因果の網の目のなかで生起する。だからそれはつねに不可解なかたちで立ち現れる。主人公があらゆるものから距離をとろうとするのは、世界のこの不可解さを、安易にわかったことにすることの拒絶である。たとえば短編「蛍」(一九八三)では、主人公の親友が動機も遺書もなく自殺する。主人公はこの出来事に直面して死について内省的になるが、しかし自殺の理由を追及しようとはしない。それは「深刻に考えるには世界はあまりに不確実だし、たぶんその結果としてまわりの人間に何かを押しつけてしまうことになると思う」からである(村上一九八七：四〇)[36]。複雑な因果の網の目のなかで出来事が生起するとき、その原因を知ることは容易ではない。出来事はつねに予測不可能なかたちで生じ、理解不可能な部分を残す。原因をどこに還元したとしても、それは恣意的にならざるをえない。それゆえ世界はつねに不確定である。この不確定な世界のなかでは、ほんのわずかな選択の違いが、後になって大きな違いとなって現れる(村上一九八五(上):一三五)。予測不可能性と理解不可能性のために、認識は、つねに遅れて、そして後悔とともにやってくる。「気づくべきだったのだ。まず最初に気づくべきだったのだ」(村上一九八五(下):一七五)。

この不確定な世界のなかに存在する主体が出来事の当事者となるとき、予測不可能で理解不可能なのは自己自身である。主体は生起する原因と結果の複雑な流れに翻弄され、けっして行為をみずから選択する存在にはなりえない。いいかえれば、主体は自己原因となることができない。そのような主体にとって、探求するとは、この不確定な世界を辿ることであり、そして成熟するとは、私的世界の幻想を捨てて社会的世界の現実に向かうことではなく、探求をつうじて、混沌として一貫性を欠いたように見える世界に隠れた因果的つながりを見出し、そのつながりのなかに自らを位置づけることである。

このように、私的世界にとどまる選択は、社会的世界における人間関係の葛藤を避けるという消極的な理由からのみなされているのではなく、不確定な世界のなかで、複雑な因果の絡まりを掘りさげ、解きほぐしてゆくという積極的な理由からもなされている。

＊

村上春樹の作品は、『ダンス・ダンス・ダンス』あたりから徐々に変化しはじめる。村上春樹はある箇所で、その変化をデタッチメント(離脱)からコミットメントへの態度変更として語っている(村上一九九六：一二～一三)。もう少し言葉を補えば、それは私的世界へのデタッチメントを求める態度から、社会的世界へのコミットメントを求める態度への転回である。

それまでの作品で、村上春樹は家族や組織、共同体といった、あらゆる制度的・規範的な社会関係から離脱し(デタッチメント)、何ものにも束縛されず、個人として自由に生きることを追求してきた。そこには、個人を絶対的・恒常的につなぎとめるものは何もない。あらゆるものは相対的であり、そのうちのどれを選択するかは個人の意志に委ねられている。村上春樹の作品世界は、この相対性だけが絶対的な事実である、という認識のうえに成り立っている。それ自体としてはとくに奇抜というわけでもないこの相対主義的認識が目を引くのは、それが、相対主義が一般にそうであるようにニヒリズム的な喪失感やアナーキズム的な解放感をもたらすかわりに、ある種の拘束感をもたらしている点である。とくに行為を拘束するものがあるわけではないにもかかわらず、拘束が感じられている。それは特定の社会制度や社会関係といった外的な拘束ではなく、自己自身のあり方につきまとう内的な拘束、いわば存在論的拘束である。村上春樹が外的な拘束のない世界で直面したのは、裸形の自由ではなく、存在論的拘束である。この拘束のもとでは、表面的には自由であるにもかかわらず、自由というものに性質として含まれるであろう柔軟さがない。それはいわば、硬い自由である。「実体が柔かいのに、存在の状況が硬質なのだ」(村上一九九一b(下)：二八九)。

デタッチメントによって個人的自由を追求した結果、村上春樹が直面したのはこの存在論的拘束である。この拘束は、自由が自己からの離脱によってもたらされるものと捉えたところから生じたのだった。たとえば『ねじまき鳥』の笠原メイは、主人公に次のように言う。

ねえ、ねじまき鳥さん(＝主人公のこと：引用者注)、あなたが言ったようなことは誰にもできないんじゃないかな。『さあこれから新しい世界を作ろう』とか『さあこれから新しい自分を作ろう』とかいうようなことはね。(中略)自分ではうまくやれた、別の自分になれたと思っていても、そのうわべの下にはもとのあなたがちゃんといるし、何かあればそれが『こんにちは』って顔を出すのよ。(中略)あなたはよそで作られたものなのよ。そして自分を作り替えようとするあなたのつもりだって、それもやはりどこかよそで作られたものなの(村上[一九九四]一九九七(三)：一六八〜一六九、強調原文)。

古い自己から自由になり、新しい自己をつくろうとしてみても、結果的にはもとの古い自己が反復される。何か新しい行為を選択したとしても、それを選択する仕方、行為する仕方そのものが変わらないかぎり、結局は同じことをかたちを変えて反復するだけに終わる。そのことを認識するにいたったとき、村上春樹に態度変更が起こる。自己はつねにすでに外部性を含んでいる。それは、自己がつねにすでに事物の因果的流れ――この流れの総体が歴史となる――のなかに置かれ、そのなかで自己もまた形成されてきたからである。この流れから離脱しようとする自己の意志もまた、この流れのなかからつくられる。それゆえ自由とは、この流れの外に離脱することによってではなく、その底に深く沈潜し、その流れの存在を明るみに出してゆくことによって獲得される。

村上春樹がコミットメントについて語り始めたとき、それはサルトル的な意味で理解されることが多かったし、じっさいオウム事件などの社会問題にかかわる村上春樹の姿はまさにその意味でのコミットメントを考え、実践しているようにも見える。しかし村上春樹のコミットメントはそれだけではない。それはむしろ結果であり、そのような個々の実践に先立って含意されているのは、自己は意識するとしないとにかかわらず、日々の行為のなかでつねにすでに外部とかかわっており、そしてその行為が、自己が意図しないさまざまな意味を持ち始めるということである。それはまさに、『羊』以来追求されてきた、世界の複雑性、出来事の不確定性のなかで生きる実存というモチーフである。しかし、コミットメントを自覚的に求めるようになって以降の村上春樹の主人公たちは、この複雑性や不確定性のなかで翻弄され続けるだけではなく、そのなかで能動的に生きようとするようになる。自己のなかに伏流する因果的な流れが明らかになればなるほど、その流れは自己をやみくもに翻弄する理不尽な力ではなく、多様な行為を可能にする肯定的な力となる。自由はこの行為の多様性にこそある。

自由の概念をめぐってこのような転回を遂げた村上春樹が、『ねじまき鳥クロニクル』において歴史へ、『海辺のカフカ』において記憶へと向かったのは必然であった。歴史も記憶も、世界の複雑性あるいは出来事の不確定性にかかわる事物の多様な因果的流れそのものだからである。

3　歴史：不在の記憶

(1) 憎　悪

『ねじまき鳥クロニクル』において、多様な因果的流れの探求という主題は全面的に展開される。これに続く長編小説『海辺のカフカ』(二〇〇二)は、基本的には『ねじまき鳥』において到達した認識

にすること。

の反復である。それゆえ、これより以下では、『ねじまき鳥』におもな焦点を当てて論じてゆくことにする。

さきに、『風』『ピンボール』が個人的な「私史」であるのにたいし、『羊』以降の作品において「物語」的構成が明確になってきていることを述べた。『ねじまき鳥』では、歴史が導入されている。だがこの歴史は、かつてのような私史ではない。かといってそれは、作者自身が言うように、歴史小説でもない（村上一九九五b：二八八）。この作品に描かれる「ねじまき鳥」とは、すべての出来事に超越し、かつすべての出来事を押し進める時間を象徴するものであるが、もし歴史小説を書くとすれば、このねじまき鳥の視点から書かれなければならなかったはずである。それはまた、主人公の主観からのみ構成された一人称小説でもない。つまりこの作品は、主観的・内在的な物語でも客観的・超越的な歴史でもないもの、あるいはその二つの視点が交錯する複合的な小説としてある。

＊

『ねじまき鳥』の、それ以前の作品との明らかな相違点の一つは家族が描かれていることである。といってもそれは、主人公の岡田亨が生まれ育った家族ではなく、妻のクミコの家族であるが、この家族が拘束と自由をつなぐ蝶番のような役割を果たしている。主人公は、妻と築いた家庭を、自分自身の自由意志による選択として謳歌する。たしかに、妻とつくった家族は自由な選択の結果であるが、その妻の家族までも選択することはできない。それゆえ自由な選択の背後にも、拘束は潜んでいる。かつて義父と大喧嘩をして以来、主人公は妻の実家である綿谷家との交流を絶っていたが、ある時、妻のクミコが失踪し、主人公の世界から義兄の綿谷ノボルの側の世界に移った。クミコを取り戻すために、主人公はノボルと接触の機会を持つことを強いられる。社会の暗部の象徴として描かれるノボルと接触することは主人公にとって汚らわしいことだが、クミコを取り戻すためにはそれをせざるをえない。愛に満ちた〝純粋な〟私的世界と憎悪に満ちた〝不純な〟社会的世界のあいだでの葛藤を強いられ、主人公はノボルに憎悪の感情を向ける。もしノボルさえいなければ、主人公は私的世界にとどまり続けることができたのだから。その私的世界では、主人公はいくらでも寛容になれる。自己の存在と他人の存在とをまったく別の領域に属するものとして区別しておける能力があることを自慢気に語ってすらいる主人公にとって、外から入り込んでくる不可解な人間や出来事を受け入れることは、それほど難しいことではない。

だがこのような態度も、主人公が私的世界にとどまり、絶対的な受動性を保持できるあいだだけである。もしその外の社会的世界に足を踏み入れることを強いられるとき、たちまち感情は掻き乱される。実際、主人公が感情らしい感情を見せるのは、社会的世界の悪の象徴であるノボルにたいしてのみである。主人公はノボルについて、「これは本当の顔ではない」と言って露骨に嫌悪し、彼を憎んでいることを告白する(村上一九九七(二):一五〇)。

この憎悪の原因は、主人公がノボルと理解しあえないことに原因があるのではない。たがいに完全に異質な存在(たとえば義父のような)との共存をむしろ容易なことと考える主人公がノボルを憎悪するのは、自分を理解されないがゆえではなく、逆に完全に〝理解〟されてしまうがゆえである。両者はたがいに、憎しみをもって理解し合っている。そしてこの相互理解という闘いにおいて、主人公は一方的に敗者なのである。なぜならノボルは知的に、主人公が何ほどのものかを簡単に見抜いた上で、露骨に無関心な態度を取るからである。ノボルの主人公への理解には承認が欠落している。主人公の憎悪を掻き立てるのは、ノボルの無関心である。

しかしこの憎悪は、主人公の見せる唯一感情らしい感情である。むしろこの憎悪があることによって、主人公の世界は世界として立ち現れるとすら言える。クミコの愛を取り戻すためには、僕は今までのように私的世界に止まって何事も便宜的に受け流して済ますわけにはゆかない。「愛の反対は憎しみではなく、無関心である」という言葉をここに敷衍すれば、クミコの反対はノボルではなく、私的世界である。それゆえ主人公は、クミコを取り戻すべく、社会的世界に向かう。もちろんこれも、あの〝成熟と喪失〟の反復と迂回である。そしてこの作品においても、これまで同様、最終的に成熟は未完のまま終っている。だがさきに論じたように、村上春樹における成熟とは私的世界から社会的世界へ移行することよりも、自己の内に潜在する多様な因果的流れを探求することであり、それは『ねじまき鳥』においては歴史の探求へと帰結する。この歴史は、具体的にどのように現れているだろうか。

(2) 喪失と不在

歴史とは絶え間ない出来事の連鎖である。だがそれは、一つの出来事が原因となって別の出来事が続くという〝自然な〟因果関係のかたちであるのではない。歴史における出来事は、しばしば唐突に、そして不可解なかたちで起こる。だから歴史は、むしろ〝自然な〟因果関係の崩壊というかたちで立ち現れる。歴史意識は子を失った母親の哀しみに始まると述べた小林秀雄の言葉はそのことを示唆している。

その哀しみは、誰かに向けて語られ、その誰かがそれを受けとめることによって、いくらか癒えるかもしれない。出来事の発生の経緯や原因、意味などが明らかにされるにともない、その出来事を組み込んで新たに連鎖が組み直され、その出来事の唐突な発生によって損なわれた世界の秩序も回復される。出来事の出現によって因果的連鎖の糸が断ち切られたとき、その出来事を組み込んで、連鎖を縫合し直す役割を担うのが物語である。歴史とは、出来事による因果的連鎖の切断と物語によるその再縫合との繰り返しである。

しかし『ねじまき鳥』における歴史は、そのような物語的縫合に収まりきらない剰余を含んでいる。作品に流れ込むさまざまな糸は、途中で幾重にも相互に交錯しながらも、かならずしもクライマックスに向けてすべて一つの方向に収斂していくわけではない。このような構造ゆえに、『ねじまき鳥』における歴史は、主観的・内在的な視点と超越的・客観的な視点とのどちらにも還元されないものとなっている。言い換えれば、『ねじまき鳥』における歴史は多声的である。

この歴史の多声性は、主人公の憎悪と関係している。『ねじまき鳥』における憎悪の意義を理解するうえで参考となるのはフロイトの議論である。フロイトは、外界の成立とともに憎しみが生じると言っている。原初的なナルシシズムの段階においては、主体は自分の欲動を自分自身で充足させるので、外界には無関心である。しかし、自己保存の必要から外界の対象を獲得するようになると、不快な刺激をもたらす外界にたいする関係として、憎しみが生じる(37)。憎しみの感情とともに、外界は発見されるのであり、主人公の私的世界から社会的世界への移行が憎しみを媒介としているのも偶然ではない。この憎悪の感情とともに、社会的世界は発見されるのである。だが、主人公が口にするような「叩かれたら叩きかえす」行為は人間の自然状態であって、そこには未だ社会性はない。作用と反作用とが、直接的な原因と結果の関係としてではなく、別の経路を辿って結び合わされるとき、そこにはじめて社会性が萌芽的に立ち現われる。それゆえ社会的世界は、程度の差はあれ、つねに複雑な因果的つながりのなかに織り込まれている。このことは、村上春樹の小説では「入口」と「出口」という比喩でもって示されている。さきに見たように、因果的つながりの複雑化による世界の不透明化は、『羊』以来、繰りかえし立ち現れるモチーフであるが、『ねじまき鳥』以前は、少なくとも入口と出口とが存在すること、すなわち、たとえ主人公には知られてなくとも、一貫した因果的つながり自体はあるはずだという期待があった。

物事には必ず入口と出口がなくてはならない（村上一九八三：一五）。

一九七三年九月、この小説はそこから始まる。それが入口だ。出口があればいいと思う。もしなければ、文章を書く意味なんて何もない（村上一九八三：二五）

「出口なんてどこにもないよ。ここは世界の終りなんだ。もとには戻れないし、先にもいけないんだ」
「世界の終りかもしれないが、ここには必ず出口がある。」（村上一九八八（下）：六四）

これらの作品に描かれる悲哀は、つまるところ、この「入口と出口」のつながりの不透明化、すなわち〝自然な〟因果的つながりの喪失に由来している。そこに悲哀はあっても憎悪は見られなかったのは、つながりが存在すること自体は疑われていなかったからである。しかし『ねじまき鳥』では、主要な舞台の一つである路地が「入口も出口もな」い場所であることが暗示するように(村上一九九七(一)：二四)、そもそもあるべき因果的つながりというものがあるのかどうかすら、疑われている。

そしてそのために、主人公はクミコが失踪しても、即座に行動には移らない。というより移れないのである。『ねじまき鳥』において目を引くのは、喪失(クミコの失踪)から成熟(クミコの奪還)に向かうまでの〝遅さ〟である。最後通告のようにして送られてきたクミコの手紙を受け取り、「僕の知らない誰かと、想像もできないくらい激しく交わった」ことを知らされても、主人公は怒りに駆られるどころか、「かつて自分のものであったクミコの体の優しい温もりを懐かしく思いだ」している始末であり、この別れは「二人で過ごしてきた六年という歳月はいったい何だったのだろう」という内省をもたらしはしても、行動へ向かわせることはない。クミコが失踪したままであるにもかかわらず、加納クレタに一緒にクレタ島に行くことを誘われたとき、「僕」はかなり迷いさえする。

因果的つながりの根本的不在という認識は、主人公以外の二人の人物によって、直接的に語られる。一人は笠原メイである。自分が現在の親から生まれてきたことに納得できない笠原メイは、人生や社会が基本的に首尾一貫したものであるという考えを否定する。「そしてミャクラクを欠いたことが別の非ミャクラクを導いて、それでいろんなことが起ってしまったように私には思えます」（村上一九九七(三)：二二三）。もう一人は赤坂ナツメグの父である「獣医」である（ちなみに、主人公と同じく右の頬に青いあざを持ち、最後は溺死することになるこの獣医は主人公の分身である）。「生まれてこの方、自分が何かを主体的に決断しているという実感をどうしても抱くことができなかった」獣医もまた、同じように世界の無因果性を語る。

あるいは世界というのは、回転扉みたいにただそこをくるくるとまわるだけのものではないだろうか、と薄れかける意識のなかで彼はふと思った。その仕切りのどこに入るかというのは、ただ単に足の踏み出し方の問題に過ぎないのではないだろうか。（中略）そこには論理的な連続性はほとんどないのだ。そして連続性がないからこそ、選択肢などといったものも実際には意味をなさないのだ。自分が世界と世界とのずれをうまく感じることができないのは、そのためではあるまいか（村上一九九七(三)：一三四　強調原文）。

自己の世界と他者の世界、現在の世界と過去の世界、何かが存在する世界と存在しない世界など、いくつもの世界がある。だが獣医は、それらさまざまな世界の論理的な連続性、あるいは一貫した因果的つながりを理解できないために、能動的に行為を選択する主体となることができない。なぜなら能動的選択とは、つまるところそのつながりをなぞる行為に他ならないからである。それが無いところでは、「選択肢などといったものも実際には意味をなさない」。

入口と出口は、『ねじまき鳥』以前の作品においては喪われたのであり、『ねじまき鳥』においてはもともと不在である(38)。このことは、『ねじまき鳥』以前の作品が悲哀を基調としていたのにたいし、『ねじまき鳥』において憎悪が現れてきたことと関連している。フロイトは「悲哀」と「メランコリー」という二つの類似した感情について、つぎのように区別している。前者が対象喪失の経験から生じる感情であるのにたいし、後者は、おなじく対象喪失に由来しながらも、その対象の何が喪われたのかが分からないために、自己喪失にまでいたる（フロイト 一九一七＝一九七〇：一三九）。入口と出口の喪失においては、かつてそれらがあったことは意識されている。それは悲哀において失われた対象が意識されているのとおなじである。それにたいして入口と出口の不在とは、文字どおりそれらが存在しないのではなく、それらが無意識のなかに取り込まれて主体が直接的には想起できない状態を指している。『ねじまき鳥』以前においては入口と出口の喪失が悲哀を、『ねじまき鳥』においてはその不在がメランコリーをもたらしている。クミコが自分のもとを去っても主人公がすぐに探しに行かないのは、クミコを失っても、そのクミコの何を失ったかがわからないからである。そして主人公は、入口も出口もない路地にある井戸の底に降り、その暗闇のなかに座りこむ。

メランコリーにおいて、それまで対象に向けられていた愛(リビドー)は自分に向けられるようになるが、それと同時に、その対象への敵意もまた、自分に向けられるようになる。メランコリーのばあい、「事物の記憶の痕跡の体系」、すなわち無意識において、対象をめぐって憎悪と愛情の闘いが無数におこなわれる(フロイト 一九一七＝一九七〇：一四七)。主人公が受動的状態を脱するのは、三年前のクミコの堕胎が、今回の彼女の失踪と因果関係があることに思いいたることによってであるが、そのとき主人公はつぎのような感情を抱く。

ただひとつわかっているのは、その(クミコに堕胎を決意させたもの：引用者注)の秘密を解きあかさないことには、クミコはもう二度と僕のところには戻ってこないだろうということだけだ。やがて僕は自分の体の中に静かな怒りのようなものを感じはじめた。それは僕の目には見えないに対する怒りだった。(中略)それは哀しい怒りだった。僕はそれをどこかにぶっつけることもできない。どのようにして解消することもできない(村上 一九九七(二)：三二三強調原文)。

三年前の堕胎の事実とクミコの失踪とが「事物の記憶の痕跡」をつうじて結び合わされるとき、主人公はクミコにまつわる秘密の解明に向かうことが可能になる。拘束から自由への転換が生じるのはこの瞬間である。およそ能動的と見える行為もすべて、複雑な因果の網の目の中にあって、必然性が示すままに導かれているという点で、根源的な次元では受動的なものである。だが『ねじまき鳥』において、行為は、それゆえに不可能になるのではなく、まさしくそれゆえに可能になる。かつて主人公は、クミコとの結婚を「まったく新しい世界を作る」ことと考えていたが、クミコを失った今、自由なコミットメント(クミコとの結婚)の背後にある拘束(歴史)へ向かうことによって、その自由の回復を目指す。拘束なき自由な状況において立ち現れる存在論的拘束は、ここにおいて、存在論的コミットメントへと転換される。そしてこの転換によって、社会的世界への能動的なコミットメントが可能となる。

＊

これまでの議論を踏まえて、村上春樹の小説のなかから次の二つの概念系列を取り出すことができる。

第一の系列：デタッチメント―対象喪失（喪失）―悲哀―物語
第二の系列：コミットメント―自己喪失（不在）―メランコリーと憎悪―歴史

成熟と喪失という主題を繰りかえし反復しつつ迂回する試みは、結果的に、第一の系列を第二の系列へと練りあげてゆく作業であった。『ねじまき鳥』以前の村上春樹は、おもに第一の系列で小説を書いていたが、『ねじまき鳥』に至ってはじめて、本格的に第二の系列を導入する端緒が開かれた。この作品における歴史は、物語という枠から横溢する過剰さを含んでいる。とはいえ『ねじまき鳥』は、第二の系列にのみ立脚しているのではなく、この二つの系列の拡がりのなかにある。主人公の抱く「哀しい怒り」が悲哀と憎悪の複合感情であるように、『ねじまき鳥』は、物語でも歴史でもないもの、あるいはそのどちらでもあるようなものとしてある。この作品における「歴史」が、初期の頃の私史でもなく、それ以降の作品のような物語でもない、多声的なものであるのは、それが憎悪のうちに見い出された社会の存在によって間口を広げられているためである。

だが第二の系列へと到達した瞬間、感情はすでに消滅している。主人公はクミコを失った喪失感から複雑に絡み合う歴史の糸を手繰ってゆき、ノボルへの復讐を果たす。だが復讐が果たされるまさにそのとき、憎悪は消え去っている。主人公はノボルと思しき人物をバットで殴るが、それは「憎しみからでもなく恐怖からでもなく、やるべきこととしてそれをやらなくてはならなかった」。社会と重ね合せられるまでに開かれた歴史に辿りつくとき、そこにはもはや哀しみも憎しみも存在しない。

4　時間の風穴

進歩や発展を基調とした近代社会はつねに発達論的な比喩で語られ、小説はそのような近代社会における成長物語であった。このような状況における成熟とは、みずからの属する社会の価値や規範に同一化することをつうじて主体性を確立することであった。だが社会の成熟化は、成熟の目標となる価値や規範の多様化をもたらし、その結果、個人の成熟の過程は複雑になった。このような状況においては、モデルとすべき価値や規範は所与のものではなく、自己自身が選択しなければならない。それゆえ所与の目標に向けて同一化するのではなく、探求の行為をつうじて目標が遡及的に決定される。このような成熟の探求を描いてきた村上春樹の小説は、ともするとモラトリアム――成熟の留保――と見られがちだが、むしろ現代社会における成熟の構造的な変容を示している。

村上春樹における成熟は、無意識（夢あるいは記憶）の探求をつうじて自己の内に流れこむ世界の多様な因果的流れをあきらかにし、その交錯点に自己を位置づけなおすことである。『ねじまき鳥』において見出された歴史とは、まさにこの流れ、たがいに無関係であるはずのものが織り合わされ、絡まりあいながら形成される多様な流れの総体である。自己の行為は、この多様な流れと不可避的にかかわり、そのなかで生成する。流れの変化におうじて行為の意味も変わるゆえ、自己は自らの行為を完全に制御することができない。村上春樹にとって成熟とは、この不確定性のなかで、あえて能動的に生きようとすることである。自己はつねに多様な因果的な流れのなかにあり、行為を制御することはできない。しかし、その流れを知るにつれて、自己は行為の自由を得る。『ねじまき鳥』において見出された歴史とは、悲哀に彩られた喪失の記憶によってではなく、憎悪に満ちた抗争の記憶によって見出されるものである。だからこそこの歴史は物語の枠から横溢する過剰さを含んでいる。この過剰さを孕んだ歴史とは、世界が現在だけで閉じられようとするとき、そこに「時間の風穴を開け」、それを「致命的に巻き込んで、異物化していく『異界』」に他ならない（村上一九九五b：二八八）。これは現在から歴史への回帰でも、歴史の現在への還元でもなく、現在と歴史の交錯である。成熟を可能にするのは歴史の他者性である。

第6章 記憶の充溢
――津島佑子――

1 水：記憶／生命

前章まで、後藤明生・古井由吉・村上春樹の諸作品の読解をつうじて、現代における記憶の諸様式について見てきた。三人に共通していたのは、主人公の記憶の欠落がいちじるしく、そのことが主人公たちの生を大きく規定していることだった。いずれの場合も、記憶はつねに断片的である。想起されるのはそれらの断片のみであり、過去の全体が回復されることはけっしてない。

しかし、現代文学のすべてがこのような作品ばかりというわけではない。なかには鮮明な記憶の想起が見られる小説もある。その一例が、津島佑子の小説である。そこには、記憶が純然たるかたちで示されている。記憶の欠落に馴染んできたわれわれにとっては、鮮明な記憶に充ちている状態のほうが、不思議に見える。なぜ、そしてどのように、現代において記憶を全的に想起するということが可能なのだろうか？　そのような記憶のもとで生きられる生とは、どのようなものだろうか？　これらが、本章における津島佑子の小説の読解を導く問いである。

津島佑子の作品には、潜在的な多様体としての記憶や、過去と現在との同時的共存といったベルクソンの難解な概念が、きわめて平明に形象化されている。日常的な経験にひきつけて見たとき、これらの概念がどのようなものとして現れるかを、津島佑子の小説は示してくれる。

＊

津島佑子の小説には、しばしば水のモチーフが用いられる。定まったかたちも、始めと終りもなく、たえず波打ちつづける水のリズムは、生命の象徴である。

川の流れは諸行無常、を感じさせるものであったはずなのに、私の眼に映り続けていた河は遠い記憶を現在にいとも簡単に再現させてしまう、逆流の渦だった。時間とは無縁の、記憶のエネルギー体だった。そして人の有り様もまた、同様に逆流のエネルギーに包まれているのではないか。人も川のように、一見、時と共に過去から未来へと一方向に歩み続けているが、実は方向など持たずに、時には未来から過去へと押し流されることもある、時とは異質な存在ではなかったか(津島［一九八三 一九八八：四三七］)。

都市開発によって埋め立てられ、消滅したはずの川が、何年も後になって突然、ほんの通り雨程度のわずかな雨で水を溢れさせはじめるように、過去の記憶は、けっして消えさってしまうわけではなく、潜在しているだけであり、きっかけさえあれば、いつでも甦る(39)。

水を生命の象徴としてとらえるシンボリズムは古井由吉にも共通して見られる。両者はともに、直線的な時間の枠に収まらない非方向性・不定形性を生命の特徴と考えている。しかし水／生命をめぐる両者の認識は対照的である。第4章で見たように、古井由吉の小説が、かたちのないはずの生命が個体という殻の中に拘束され、その殻の外から浸透する力と、その内で振動する力とのあいだで引き裂かれ、リズムを失って衰弱する主体の生あるいは反復する身体をめぐって書かれているのにたいし、津島佑子の小説は、むしろ、どんなに囲いこまれ、閉ざされているように見えても、たえず囲いの下に伏流し、あるいは囲いから横溢しつづける記憶を生の根源として追求する。津島佑子においては、けっして消え去ることのない記憶が、生の充溢をもたらしている。

このような記憶の持続は、しかし、変化の不在を意味するわけではない。津島佑子の作品における主人公の設定は、たいてい、離婚をして夫と別れ、幼い子どもを抱え、複数の男性と関係しながら自立を目指す女性である。主人公は人生のなかで、「妻」や「母」、「女」といったさまざまな社会的役割を担ったり、あるいは逆にそこから外れたりし、そういった変化のなかで、さまざまな葛藤や困難を経験する。そのような葛藤や困難に直面したときに主人公を助けるのは、子どもの頃の記憶や、かつて見た夢である。どのような環境の変化によっても持続する子ども時代の記憶を想起し、そこから生命の充溢を感じることをつうじて、ふたたび葛藤や困難を乗りこえてゆく力を得る。主人公は、過去を懐かしんだり振りかえったりして現在を受動的に生きるタイプではなく、現在の生を能動的に生きようとするタイプであり、過去の記憶はその手助けをする。だから現在への志向と過去への志向とは、まったく矛盾するものではない。

津島佑子における記憶は、ほとんど過剰なまでに詳細かつ鮮明に想起される。それは後藤明生や古井由吉、村上春樹における記憶の欠落といちじるしい対照をなしている。記憶の欠落と過剰は、しかし、おなじ現代の傾向の表裏をなしている。それらは、過去から現在にいたる時間の流れが阻害され、過去がときには過大に、またときには過小に現在へ作用をおよぼすことからもたらされる現在のゆらぎをあらわしている。そのようなゆらぎをわれわれは不確定性と呼んできた。本章では、記憶の過剰から生じる不確定性の一つのモデルとして、津島佑子の小説について論じることにする。

なぜ津島佑子において、記憶は損なわれることなく、全的に現れるのだろうか？　それはどのようなかたちで想起されるのだろうか？　そのような記憶をつうじて築かれる「時間との新しいかかわり」（津島［一九八三　一九八八：四三八］）とはどのようなものだろうか？　本章で問われるのは、これらの問いである。

2　光：時間／空間

さきに言ったように、津島佑子には、社会環境の変化にもかかわらず持続する記憶がある。だからといって、津島佑子が追求するのがいっさいの社会性を逃れた裸形の生であるというわけではない。むしろ社会は、つねになんらかのかたちで主人公の生につきまとっている。

そのような社会性は、しばしば光によって象徴されている。光は、水とならんで、津島佑子の小説によく用いられるモチーフである。水が記憶あるいは生命の象徴であるのにたいし、光は時間あるいは空間の象徴である。光のある時間のあいだ、人はその光に照らされた空間のなかで、社会生活を営む。光の射しこむ角度が変わるにつれて映しだされる光景も移ろいゆくように、人の社会生活もまた、さまざまにかたちを変える。とりわけ現代の都市生活においてはそうである。「現代社会に生きること、これは万華鏡のまん中に住むようなものであり、われわれは絶えず役割を変えてゆかなければならない」(バーガー 一九六三＝一九七九：七三)。津島佑子の主人公は、「妻」や「母」、「女」といったさまざまな役割を担ったり、あるいは逆にそこから外れたりする。社会生活のあり方が変わるにおうじて、生のかたちは万華鏡のようにさまざまに陰影を変え、その合間に過去の記憶が流れこむ。

たとえば『光の領分』(一九七九)は、夫と別居することになった主人公が、三歳の娘を養いながら一人で生きていく不安を乗りこえ、みずからの生を肯定的に生きるようになるまでの過程を描いた小説である。この小説で、夫との別居を決意した主人公が、娘を連れて最初におこなうのは住むための「部屋」を探すことである。結婚という社会制度からは外れたものの、しかし「部屋」あるいは「家」は、生命を守る一種の社会的な防御帯として欠くことができない(小森 一九八八：八九)。主人公が、あるビルの四階の部屋に決めた理由は、そこが昼間中、どの部屋も光に充たされており、その「光の量で、娘を環境の変化から守ることができ」ると考えたからである(津島［一九七九］一九八四：九)。また、『寵児』(一九七八)では、やはり夫と離婚し、三歳の娘と暮らす主人公の高子が、別の男との関係をへて妊娠し、迷った末に産むことを決意するが、後にそれは想像妊娠であったことが発覚する。主人公はあらためて母という役割を担う心積もりをしていたのに、妊娠が現実のものではないことがわかって困惑する。そんなときに、主人公は光について宇宙論的な空想を思いめぐらす。高子は宇宙に散在する星の、肉眼では見分けることのできない硬質な光に、気持を奪われていく。光は、時間だ、と思う。二千光年。五百万光年。三千五百万光年。四〇億光年。光は時間なのだ。すると、闇は時間から解放されていることになる。光と闇。が、光から本当に逃れることのできる闇などあるのだろうか。分解された光。屈折する光。兆の単位に散在する光。時間が、またたいている。太古の光。銀河系の光。時間とは最早、呼べない光。……(津島［一九七八］一九八〇：一九六〜一九七)。

高子は、街のたたずまいに大きな変化を感じないだけ、これが光のエネルギーによって、いつでも即座に、海底の光景、砂漠、あるいは、氷河の光景に変わってしまうことが起こり得るのだ、と感じた。そうした時間のなかに自分が立っているということをぼんやり思い出した(同上：二一三)。

光は時間である。しかしそれは、生きられた時間ではなく、主体の外にあって、主体を取りまく時間である。それは主体の外から差しこまれ、主体が行為するための場となる空間を浮かびあがらせる。主体の位置の変化におうじて、その空間もまた変わる。時間としての光にはさまざまな種類があり、それによって照らしだされる光景もさまざまである。同様に、人が担う役割もさまざまであり、それにともなって社会生活もまたさまざまに変化する。主人公は、母になったりなり損ねたり、妻になったりそうでなくなったりする。そのような変化のなかで、主体を取りまく光景もまた、万華鏡のように変わってゆく。母という役割を引きうけ損ねた経験は、このような認識を主人公にもたらす。

このように、津島佑子において光は時間と空間を象徴している。主人公の生は、光と水の二つの次元にまたがっている。「体は光の届かない水の底に沈んでいるようなのに、私の眼は光をきらきら反射させる眩しい水面を、宙から眺めていた」(津島［一九八二］一九九〇b：一〇六)。光から離れ、水底深くに沈潜するほど暗くなるように、光の反対である闇もまた、水と同様に、記憶／生命を象徴する。高子は、光＝時間／空間から完全に解放された闇、すなわち裸形の生命の存在に懐疑的である。たとえばもっとも原初的な生命である胎児は、子宮というほとんど完全な暗闇に包まれているが、そこにさえ、外部から一すじの光が入りこむ余地がある(津島［一九七八］一九八〇：二〇四)。こうして生命は、つねに幾分か、光に媒介されている(40)。

津島佑子における生は、このような水＝潜在的な記憶／生命と光＝顕在的な時間／空間の織りなす位相のなかで生きられる。水が自己の生を内側から充たすのにたいし、光はそれを外側から包みこむ。光は社会生活を営む通常の生であり、水はそこから外れる生、一見すると死とも見紛うような、もう一つの生である。この二つの位相の交錯するなかで、どのような記憶が、どのように想起されるのだろうか？

3　場所の記憶

津島佑子の小説には、しばしば子ども時代や故郷の家の光景が想起される。それらのなかには、一見、ノスタルジーのように見えるものも少なくない。しかしそれらは二つの点でノスタルジーとはちがっている。

第一に、津島佑子には、過去と現在とのあいだに隔たりがない。第1章で論じたように、ノスタルジーを発生させる条件の一つは、過去と現在との質的な分離である。

いつだったか京都からの帰途瀧井孝作氏と同車した折だったが、何処かのトンネルを出たとこ

ろ、窓越しにチラリと見えた山際の小径を眺めて瀧井氏が突然ひどく感動したので驚いた。あ
あいう山道をみると子供の頃の思い出が油然と湧いて来て胸一杯になる、云々と語るのを聞き
乍ら、自分には田舎がわからぬと強く感じた（小林［一九三三］一九六八：三二～三三）。

ここで瀧井孝作が示しているのが典型的なノスタルジーである。ノスタルジーにおいて子ども時代や故郷がかけがえのない魅力や輝きを放つものとしてあるのは、それらが過ぎ去った一度きりの時間だからである。過去と現在はとおく隔たり、今の自分はもはやかつての自分とおなじではなく、幼い頃の楽しかった日々は二度と戻ってこない。このような過去と現在との質的な隔たりが、ノスタルジーを生じさせる。

それにたいして津島佑子の作品においては、現実の世界と、記憶や夢、妄想といった世界とは等価であり、なんら本質的な区別なくつながっている。過去は鮮明に想起される。そしてそれは、もはや二度と取りもどすことのできないものとしてではなく、今ここにあるものとしてである。想起の鮮明さは、まるで過去がそのまま現在の背後に存在しているかのような印象を与える。

過去が鮮明に想起される理由は、記憶がしばしば具体的な場所と結びついているからである。津島佑子における記憶は、家や、その周囲の風景と結びついているゆえに、細部にいたるまで明瞭に

想起される。さまざまな舞台が記憶の場となる。それは森や沼、川といった自然であったり、幼い頃に暮らした街並みであったり、開発によってコンクリートの建物が建てられる前の空き地であったりする。しかし、そのなかでも圧倒的に多く、そして細部にいたるまで想起されるのは、家である。

家の記憶がどれほど細部におよんでいるかを例示してみよう。たとえば「番鳥森」(一九八二)では、主人公の実家に住む妹に不幸があり、主人公は子どもたちを連れて、電車で夜遅くに実家にむかう。その途中、車内で主人公は、大学生時代に、今は亡き兄と一緒に暮らしていた頃の生活について思い出す。

私は、忘れかけていた兄の小さな家のどこをも洩らさず思い出そう、と努めた。はじめは、とても思い出せそうになかったのだが、兄の部屋と私の部屋と、ふたつに家のなかを区切った日のことや、自分の手で縫ったカーテンを吊り下げたことや、新しく買った食器のしまい場所に困ったことなどを思い出していくうちに、家のたたずまいも記憶のなかではっきりしたものになっていった。縁側がどのように腐りかけていたか、窓ガラスに、どのような罅が走っていたか。天井板に、どんな染みがあったか。兄のどんな絵が壁に掛かっていたか。ベニヤ板の戸口の脇に、どんな雑草が生えていたか(津島［一九八二］一九九〇b：一一七)。

このような細部にまでおよぶ家の記憶は、『真昼へ』(一九八八)にも見られる。幼少期の頃より三〇年ちかく住みつづけた実家に、主人公の「私」はとくに思い出を感じていなかった。この家に引っ越して間もなく兄が亡くなり、その葬式をおこない、そして三〇年後、「私」の母があたらしく建てなおすことを考えだした矢先に、息子が亡くなり、その葬式を出すことになった。兄の葬式に始まり、息子の葬式で終わろうとしている家など、早く消えさってくれることを願っていた。しかし、それから三年後、じっさいに改築するときになって、主人公は思いがけない発見をする。

家具が片づけられがらんどうになった部屋に、剥き出しになった柱に、天井の板がはずされて露わになった屋根裏に、今まで忘れていた新築の頃の私たちの喜びが、少しも古びることなく生き残っていたのだ。家は三〇年振りにようやく、一部を裸にされたことで、本来の姿を私たちに示すことができるようになったらしい。……兄がそこには生き続けていて、私の息子もこの家のどこかに生き続けていることになる(津島［一九八八］一九九七：一三五〜一三六)。

死者の記憶は、縁側や天井板、柱といった家の細部に宿っており、これらの場所と結びついた記憶の鮮明さゆえに、死者は今でも生き続けている。

このような場所と記憶との結びつきは、古代から中世にかけて西洋で見られた記憶術の原理と似ている。西洋の記憶術について研究したＦ・イェーツは、古代ローマの代表的な記憶術の書物であるクインティリアヌスの『弁論術教程』を引き合いに出しつつ、つぎのようにのべている。

一連の場を記憶の内に形成するためには、ある建築物をまるごと記憶せねばならない、と彼はいう。それも、できるだけ空間的広がりをもち、同時に変化に富んだ場所、たとえば、前庭広場、居間、寝室、客間などを、そこに配された彫像その他の装飾物一切を引っくるめて、演説を思い出させる鍵となるべきイメージ――一例としてクインティリアヌスは錨や武器を用いてみよと述べている――が、次に、建物内部の記憶された個々の場に、想像の上で配置される（イェーツ 一九六六＝一九九三：二三）。

細かいことを言えば、これはあくまで、なにか別のもの――たとえば長い演説――を覚えるための記憶術として、頭のなかに思い浮かべられた建物に記憶を配置していくということであり、それにたいして津島佑子のばあいは家族との生活のさまざまな場面が、その舞台であった家の隅々と結びつけられることで自然に記憶されるということだから、両者は完全に同じことを指しているわけではない。しかしこの二つの事例は、どのような条件のもとで記憶が定着し、長期にわたって持続するかについて、共通の答えを示唆している。記憶は、頭のなかに具体的な場所を思い浮かべ、そのなかの一つ一つの位置に具体的なもののイメージ――津島佑子においてはカーテン、食器、縁側、窓ガラス、天井板、絵、雑草、柱、屋根裏など――と結びつけられることによって強固なものになる。記憶に必要なのは、具体的な場所と具体的なイメージである。対照的に、街の風景がたえず変わり、事物が抽象化・均質化される空間――たとえば近代都市――においては、記憶は損なわれやすくなる。津島佑子における記憶は、つねに家をはじめとする具体的な場所で、そのなかのさまざまなものの具体的なイメージに充たされており、だから過去はいつまでも鮮明に想起される。記憶される過去と記憶する現在とのあいだには、ノスタルジーがそこから派生するような質的な隔たりがない。

4　記憶の無秩序

津島佑子における記憶がノスタルジーと異なる第二の点は、想起される内容にかかわっている。基本的に、ノスタルジーにおいて想起される過去は、懐かしく、美しいものである。このような懐かしさや美しさは、直接対象に由来するわけではない。たとえば瀧井孝作が幼少期を過ごしたのは、列車のなかで目にした山際の小径と似たような場所だっただろうが、それは思い出を共有していない者にとっては、なんの変哲もない田舎の風景かもしれない。それをかけがえのないものとし、懐旧や美的感動を引きおこすのは、記憶の働きである。だからそれ自体はとくに美しくもない物事――たとえば子どもの頃に動物を殺したことや、学校の教室の風景――も、ノスタルジーの視線をとおして眺められるならば、懐かしい思い出となる。もちろんこのような美化は、ノスタルジーの第一の条件――現在と過去との質的な分離――が前提となっている。ノスタルジー的記憶は、数多くの過去の出来事のなかから、現在の生にふさわしくない出来事を排除し、ふさわしい出来事を選別して懐かしさや感動とともに喚起する。ノスタルジーには、時間的秩序を形成する働きがある。

しかし、さきに述べたとおり、津島佑子においては過去と現在とが質的に分離されていない。そのために、現在の生にとって望ましくない出来事までもが想起される。それはあまりにトラウマ的な影響をおよぼす出来事や、あるいはあまりに不可解で、どのように記憶の流れのなかに位置づければよいかがわからないような出来事である。もちろんこれらの出来事が懐旧の情や美的感動を惹き起こすことはない。

たとえば『光の領分』のなかの一章「地表」で、主人公は幼い頃に繰り返し見た夢を思いだす。主人公の父は、主人公が生まれた頃に死んでおり、幼かった主人公はまだそのことの意味をよく理解できない。そしてしばしば夢のなかで、その父の部屋に忍びこむ。そこには男が背中を見せて坐っている。主人公はこわごわ近づき、後ろからしがみついて自分の体重を預けてしまう。すると、ときにその背中から、暖かさや柔らかさといった、生きている人間としての反応を得ることもあった。「その瞬間、私は夢を見続けていることに耐えられなくなり、眼を醒ましてしまった」(津島 一九七九」一九八四：一六六)。感じることが不可能なはずの、今ここにいない死者の体の暖かさや柔らかさを感じ、主人公は恐怖に襲われる。と同時に、罪悪感を感じずにはいられないほどの快感に打たれる。

もう一つの例を挙げよう。『火の河のほとりで』は、平穏な社会生活を送っている人間のもとに、彼(女)の秘められた忌まわしい過去を知る人物が現れ、その生活を攪乱するという、推理小説の古典的なパターンを踏襲した小説である。牧と百合の姉妹は、子どもの頃、東京に住んでいた。ある雪の日の夕方、百合は近所の幼児二人が猫の死体を踏みつけているのを見る。逆上した百合は、幼児の一人を痛めつける。数日後、その幼児が死んだという知らせを受ける。この出来事がきっかけとなって、牧は仙台に別居していた父のもとに行き、そこで暮らすようになる。その後、百合は大人になって結婚し、子どもも生まれて、平穏な家庭生活を送る。しかしそれから数年後、百合のもとに、ほとんど音信のなかった牧が訪れたところから、百合の安定していた生活は微妙に崩れ始める[41]。牧は百合の夫、慎一と不倫の関係にある。しかし牧が仙台から東京の百合の家にやってきて過去のことを告げるのは、慎一を自分のものとするための脅迫行為ではない。むしろ、牧は事件のことがこわくて東京の家を飛びだしたが、そこにずっと居座りつづけ、子どもまで生み育てている百合に仕返しをするために、慎一に近づいたことさえ示唆されている（同上：三七〇）。そしてあるとき、牧は慎一につぎのようにいう。「思い出すことがあっても、なつかしいっていうことはなくて、こわいようなことしか思い出さないんだ。いやなことしか、はっきり思い出せない」（津島［一九八三　一九八八：二八二〜二八三］）。牧の記憶は、何年経ってもノスタルジーの視線によって美化されることはない。それはいつまでも、懐かしさとはちがう、もっと強烈な感情を喚起しつづける。あるいはまた、あまりに不可解なために、現在とのつながりを見出しにくい記憶もある。たとえば

「夢の道」(一九八四b)では、主人公の息子が交通事故に遭って入院するが、その頃から主人公は、二〇年ほど前、子どもの頃に夢のなかで作りあげた架空の地図のことを思いだし、たびたび夢に見るようになる。しかし、思い出された過去に見た夢(地図)と、それを思い出すきっかけとなった現在の出来事(息子の入院)とのあいだには何のつながりもない。それゆえそれは、懐かしくも美しくもなく、不可解なままでありつづける。

ノスタルジーのばあい、記憶の想起は過去との質的な分離を前提としているから、現在の主体が想起の主導権を握ることができる。ノスタルジーにおいて、どんな記憶も懐かしく、美しいものとして想起されるのは、そもそも主体の現在を攪乱しないような記憶だけが選別され、それ以外のものは排除されているからである。もちろん津島佑子の作品のなかにも、そのようなノスタルジー的な記憶はある。しかし、ノスタルジーにはそぐわない、トラウマ的な記憶や意味不明な記憶もまた、数多くある。過去と現在との質的な隔たりがないために、主人公は、自分にとって好ましい記憶だけを選別するというような主導権を持っていない。主人公の現在の生には、あらゆる種類の過去の記憶が混在しており、ときには現在の出来事から、それとまったく関係のない過去の出来事が想起されることもありうるのである。

これまで見てきたように、津島佑子においては過去と現在とは質的につながっており、さまざまな種類の記憶が現在の生のなかに混在している。だから過去はノスタルジー的な選別と美化の対象とならず、時間は無秩序である。このような時間的無秩序のなかで、どのような生のスタイルが築かれるのだろうか？　それが、つぎに問われるべきことである。

5　非現実的なものの現実性

(1) 記憶と夢

現実と非現実との区別のなさは、たとえば記憶と夢の区別のなさというかたちで現れている。記憶と夢は、たがいに似ているとも言えるし、ちがっているとも言える。記憶の現実性と夢の非現実性を強調し、両者のちがいを指摘したのは『記憶の社会的枠組み』におけるM・アルヴァックスである。アルヴァックスは、記憶は過去にじっさいに経験した事実であり、それは現在の観点から、主体が属する集団をフレームとし、言語的に再構成されることによって首尾一貫したものとなるのにたいし、夢は頭のなかで想像された虚構であり、何らかのフレームのもとに再構成されることもないため、記憶にあるような理解可能性を欠いている、と論じた（Halbwachs［1929］1994）。

しかし津島佑子において、記憶と夢とのあいだに本質的なちがいはない。さきに見た「地表」や「夢の道」などの作品に見られるように、しばしば、子どもの頃に見た夢が想起の対象となる。夢で見たことは、もちろん現実ではない。しかし、夢を見たことは現実である。そしてその夢が、後年、大人になってから想起される。想起が鮮明であればあるほど、現実か非現実かを区別することが難しくなる。対照的に、「番鳥森」や『火の河のほとりで』における近親相姦の記憶のように、過去の記憶は、もはや真偽のほどが定かではなく、夢のように茫漠としていることも稀ではない。

このような記憶と夢、現実と非現実との区別の不在は、過去と現在との質的なつながりとも関連している。通常、子ども時代には未分化だった現実と非現実とは、大人になるにともなって区別されるようになる。ノスタルジーのばあいのように、過去が二度ととり戻せないものとして想起されるとき、あくまで現実と非現実との区別を前提として、過去はもはや現実ではないものとして想起されるわけである。それにたいして津島佑子のばあい、過去は現在の背後に潜在し、現実と非現実のあいまいなつながりは、現在にまで持ち越されている。

津島佑子の小説のなかで、不確定性が顕在化するのはここにおいてである。現実と非現実（記憶・夢・妄想・幻想）とは分かち難くつながっている。この不確定性は、非現実的なもののおよぼす現実的な効果に起因している。そしてその効果とは、感情の充溢と行為の媒介である。

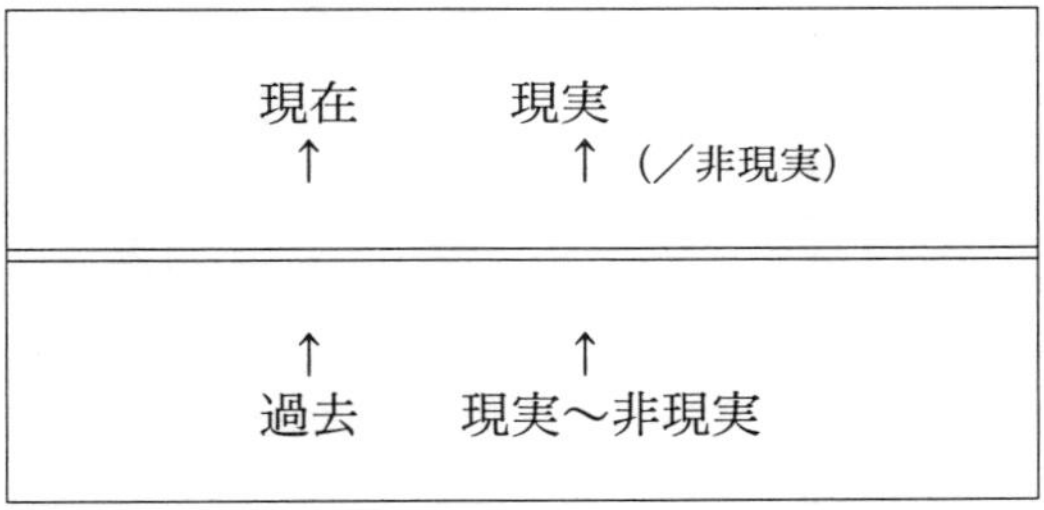

図１　ノスタルジーにおける時間と現実

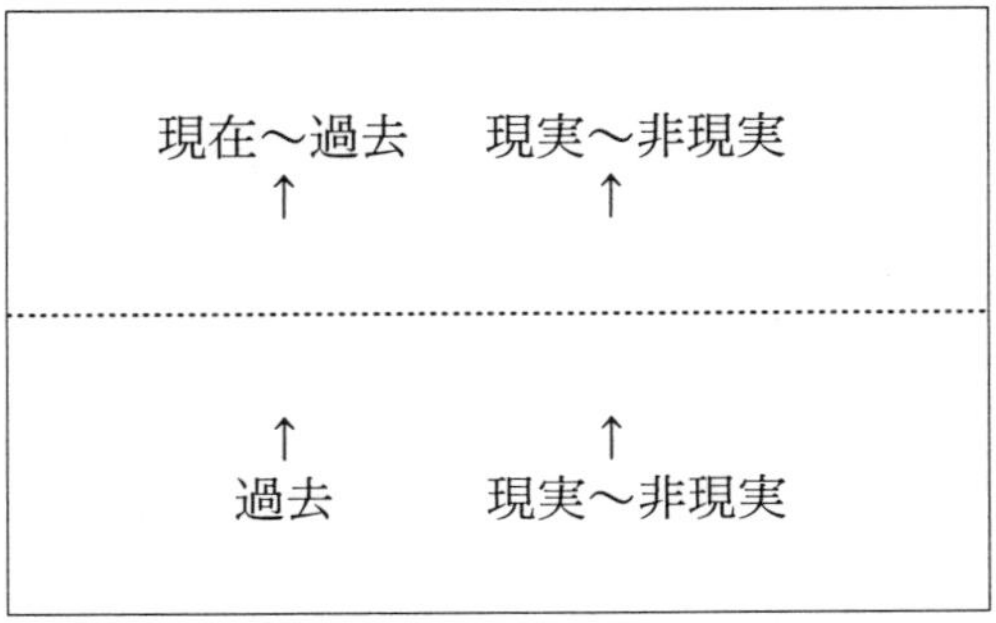

図２　津島佑子における時間と現実

(2)感情の充溢

これまで見てきたように、津島佑子の主人公は、過去の記憶を鮮明に想起する。しかしそのことは、想起された記憶がじっさいに経験した事実のとおりであることを意味するわけではない。そもそも主人公にとって重要なのは、思い出されたことが記憶か夢か、過去に経験した事実か、それとも頭のなかで想像された虚構か、の区別ではなく、それがもたらす感情の充溢である。

その時の青年の顔も、自分の年齢も思い出せないが、自分の息苦しくなるような感情だけは思い出すことができた(津島［一九七九］一九八四：一六五～一六六)。

その時その時に身を溺れさせてきた感情は、ただ、その力の強さのみが、私にとって忘れられないものになろうとしていた(津島［一九八二］一九九〇ａ：三〇)。

自分が誰から喜びを感じているのか、どこから喜びを与えられているのか、分からず、そのように分からずにいることで、女の喜びは一層、鋭いものになっていくようだった(津島一九八四ａ：二〇)。

過去の事実を保存し、事物の連続性や自己の同一性を保証するものとして記憶をとらえるかぎり、それは他のさまざまな記録媒体の性能にはるかにおよばない、不正確で間違いやすいものでしかない。しかし、津島佑子において記憶が重要なのは、それがじっさいに過去に起こったことを正確に記録し、保存してくれるからではなく、それが充溢する感情の源泉だからである。いつどこで、誰と何をしたか、といった事実関係は、もはや正確には覚えていないが、そのときに感じた感情だけはたしかなものとして残っている。そしてそれらの感情が生を賦活する。その記憶が事実であると否とにかかわらず、感情の充溢をもたらす点において、それはきわめて現実的である。

さきに見た「地表」の夢がそうであるように、ときに夢は、非現実的な空想の産物として片付けることができないほど、強烈な恐怖と快楽をもたらす。強烈な感情を喚起するゆえに、記憶や夢は、ときに現実以上に現実的である。

(3)行為の媒介

非現実的なもののもつ現実的な効果の二つ目は、それが行為をうながす点である。記憶や夢、あるいは妄想や幻想といったものは非現実的であるが、しかしそれらは、主体に現実と受けとめられることによって、主体の行為をうながし、さまざまな現実的な帰結をもたらす。たとえば『寵児』では、さきに見たように、あるとき主人公は妊娠に気づき、迷った末に産むことを決意するが、しかし後にその妊娠が間違い——想像妊娠——であったことがわかる。そのことに気づいて動揺するが、しかし、それを現実と信じて生きてきたことは間違いではないと思うにいたり、その間違いをも含めて生を肯定しようとする。『寵児』は「想像妊娠」という特殊なテーマを扱っているものの、ここで追求されている認識はけっして特殊なものではない。社会のなかでは、多かれ少なかれ、これと似たことが日々おこなわれている。たとえば恋愛がそうである。「野一面」(一九八四)の主人公が述懐するように、愛した男と別れ、その愛が幻想だったことに気づいたとしても、その幻想から生まれた子どもは現実である(津島一九八四c:七五)。主人公の経験する妊娠は想像であり、恋愛は幻想である。しかし、それらが真実だと受けとられることによって生きられた主人公の生は現実である。非現実的なものは、行為をうながし、現実をつくりだす。

6　時間の多様性

あるエッセイのなかで、津島佑子はつぎのようなことを書いている。一人旅をしているとき、山を歩いている自分と、東京でいつもの生活を繰り返している自分と、二人の自分が離れた場所で同時に生きているような気持ちになる。「ほんの一瞬でも、それまで太い一本の棒のようだった時間が自在に曲がったり、二本、三本と分かれたり、輪を描いたりする魔法の紐のようなものに変化してしまう」(津島［一九七四］一九七七：二六)。

あるいは、友人が急死したのを知らずに頼み事をしようとして電話し、その死を知らされたとき、その知らせを聞いて悲しむと同時に、幽霊の手をつかんでしまったように感じる。一方に、友人が死んでいたという事実があり、他方に、友人を生きているものと思いこみ、頼み事をしようとして電話をしたという事実がある。そこから「私」は「連続のないふたつの事実がひとつの時間のなかで矛盾なく起こっていた」(津島［一九七四］一九七七：二八)という感覚を感じる。

あるいは、小学生の頃、同級生の少年が三階のベランダから落ちる夢を見る。が、つぎの日その少年は普通に学校に来ている。そこで「私」は、昨晩安らかに眠っていたであろう少年と、自分が夢のなかで見た墜落死した少年とを同時に感じる。

これら三つのエピソードは、現実／非現実の区別がはっきりしている者にとっては、それほど複雑な事態ではないかもしれない。たとえば第一のエピソードでは、今現在、山にいる自分が現実の自分であり、東京に住んでいる自分は、今(山にいるあいだ)は過去のもの＝非現実である。第二のエピソードでは、友人が生きていると思っていた自分の考えが間違い(反事実＝非現実)だったのであり、第三のエピソードでは少年が墜落したという夢が間違いである。しかし、たとえば「友人が生きている」という認識は事実に反するが、友人が生きていると思って電話をかけたのは事実である。第一・第三のエピソードのばあいについても同じことがいえる。このような過去と現在、夢と現実との交錯を経験した「私」は、「自分の体験する時間が、切り取る断面によって多様な姿を見せる」ように感じる(津島［一九七四］一九七七：二八)。連続のない複数の出来事がひとつの時間のなかで矛盾なく起こる。それゆえ時間とは一つの「多面体」である(津島［一九七四］一九七七：二八)。

もちろんこの時間とは、光によって象徴される時間、主体の外から差しこみ、社会生活を律する時間ではなく、生きられる時間である。光が一方向に進むように、社会的な時間は一方向的である。それは光源の位置のちがいにおうじて向きを変えるとしても、それはあくまで光源の変化であって光そのものの変化ではない。同様に、社会生活の時間は時間の尺度におうじてさまざまな長さに分節されうるが、それはあくまで一つの直線をどのように分割するかのちがいでしかない。それにたいして生きられる時間はさまざまな面を持つ多面体をなしており、そのうちのどの面に注目するかで、どんな方向にでも進んでゆく。記憶や夢は、もはや過ぎ去ったもの、あるいは現実ではないものとしてノスタルジックに想起されるのではなく、想起が鮮明であればあるほど、そのイメージは増殖し、現実的《リアル》になる。過去は現在の観点から再構成されて連続性や一貫性をつくりだすのではなく、過去それ自体が現在の観点となる。記憶や夢は、現在の現実と分け隔てられる一領域をなすのではなく、現在と記憶、夢が合わさって一つの現実をなしている。社会的な時間にもさまざまな種類がある。しかしそれは、たんにいくつもの長さの時間があるという意味の量的な多数性であるのにたいし、生きられた時間には質的な多様性、ベルクソンの言う持続がある。

津島佑子において、この時間の多様性は、なんらかの不幸の体験を契機として顕在化する。不幸の体験の苦しみは、かつての幸福の思い出を喚起し、現実の偶有性——他でもありえた可能性——を明るみに出すからである。しばしば、主人公が過去を想起するきっかけとなるのは、入院や夫との不和、家族の死といった現在の不幸の体験であり、そして想起されるのは、子ども時代の幸福な思い出や夢である。

一見すると、それらの過去の幸福な思い出とは、ユング的な意味でのファンタジー——主体が現在の生において直面している困難から逃れるために作りだされ、過去に投影された幻想——に似ているように見える。しかし、津島佑子の小説を理解するうえで参考になるのは、ユングではなくフロイトである。過去の幸福な思い出は、現在の苦境を想像的に解消するためのものだとしても、それは無意識に備わった元型から形成されたものではなく、過去と現在との重層的なつながりをつうじて形成されたのである。

たとえば『夜の光に追われて』(一九八六)は、息子を失った主人公が、古典文学作品『夜の寝覚』の著者へ宛てた手紙の章と、作者によって翻案された『夜の寝覚』の章が交互に置かれるかたちで成りたっている小説であるが、この小説の最後の場面で、主人公はつぎのように語る。

この世の人間にとってなにが本当に喜びなのだろう、意味のあることなのだろう、それはほんの小さな頃にはじめて知った日の光の暖かさなのではないか、水面を輝かす光の眩さなのではないか、と思い直すようになったのです。……私は自分に残されている、そうした幼時の喜びを、あれもこれも、とありありと思い出すようになりました(津島[一九八六]一九八九:四一一)。

また、『真昼へ』では、やはり息子を失った主人公の私が、喪失を取り戻すために、時間を修整できないものかと思い、現在から過去へと遡行してゆく。当日、何を食べていたか、どこへ行ったか、といったことから始まり、前日、前々日、そして一ヶ月、一年、と辿りつづけてゆく過程で、出産、結婚、家出といった人生における幾つもの分岐点を見いだし、人生が偶有的な選択の連続であったことに思いいたる。それぞれの分岐点で、じっさいにしたのと違う選択をしていたならば、現在はまったくちがったものとなっていたはずである。そのような無数の可能性が、あのときこうしていればとか、なぜあのときこうしなかったのかといった「際限のない後悔」や、ああもしてやりたかった、こうもしてやりたかったといった「無意味な願望」とともに立ち現れる（津島［一九八八］一九九七：一六八）。主人公は、こういった思いの取りとめのなさにめまいを感じると同時に、それによって「充たされていく感じ」も抱く（同上：一七三）。なぜなら、そのような記憶の想起をつうじて、あらためて生きなおすことが可能になるからである。

そうしてこれからは、記憶をありのまま取り戻すことで、あなたの姿をよりはっきりと見つけ続けることができるという気がする（中略）。あるいは、わたしたちのように、まだこの世の生に留まっている者にとっては、どんな時間を選び取っても、記憶の継ぎ目としてしか感じられない、ということがあるのかもしれないわね。だからこそ、どこへどのようにつながっていくのだろう、と未知のものへの期待も引きだされ、そのようにして過ぎてきた時間を辿り直すことで、確かにある種の修整が可能になるのかもしれない。あなたをもう一度、必ず見つけだすことができ、以前よりももっと正確に見届けることができるよう、わたしを導いてくれる、そうした修整（津島［一九八八］一九九七：一七四）。

喪われたものは、もはや二度と取りもどすことができない。だからそれを取りもどそうとして、どんなふうに時間を遡行し、どれだけ過去を辿りなおしてみても、それはけっきょく「記憶の継ぎ目」でしかない。しかしだからこそ、多面的な時間の網の目を、どこへ向かってでも辿りなおすこともできる。そしてそのような辿り直しをつうじて、喪失によって断ち切られた時間の網の目を修整し、ふたたび生きなおすことも可能になる。

津島佑子における生は、記憶に充たされることによって、可逆性を帯びているように見える。不幸の体験によって衰弱した主体は、いつまでも鮮明に残りつづける過去の記憶を想起し、その想起がもたらす感情の充溢をつうじて回復の手がかりを得る。さまざまな光の乱反射のなかで傷ついた生は、水のなかへ沈潜し、生の充溢を感じることで、ふたたび光のなかへ浮上してゆく。これは、しかし、生が可逆的であるというよりも、記憶が潜在的多様体として、現在と同時に共存していることを示している。現在が過去になるということは、過去が現在から過ぎ去ってゆくということではなく、現在とは違う仕方で——すなわち現実的 actual ではなく潜在的 virtual に——存在するようになるということである。潜在的な多様体としての過去あるいは時間があることによって、生きることはつねに生き直すことである。ここにおいて、記憶の不確定性は自由をもたらすものとなる。津島佑子の小説は、自由と結びついた不確定性の経験が現代においてもあり得ることを教えてくれる。

結論

不確定な現代世界は万華鏡に似ている。そのなかを覗くと、諸要素の集合が織りなす模様が見える。だが角度を変えるたびに、その模様はガラリと別のものに変わってしまう。筒を裏側から見ると、それらの諸要素はなんの模様もなさず、ただ雑然と混在している。模様は実在するのではなく、筒の内部のからくりの効果として見えているのである。万華鏡のさまざまな模様のうち、どれが真の模様かを問うことは無意味だろう。しかし、そのからくりを知ることはできるし、それによって、模様がからくりの効果としてあることを知ることもできる。そしてさらには、模様がじっさいには存在しないという〝真実〟も。

本書が目指したのは、このからくりを明らかにすることだった。すなわち、現代の特性を不確定性として概念化し、個人の記憶においてそれがどのように現れているかを、文学作品を手がかりに解明することだった。素材として用いた作品の特異性におうじて、不確定性の現れ方もさまざまである。後藤明生における忘却、古井由吉における反復、村上春樹における成熟、津島佑子における充溢は、すべて不確定性の特異な現れ方である。

①**忘　却**：後藤明生における忘却とは、記憶の欠落によって起こる状態ではなく、いくつもの記憶の流れが相互に干渉しあうことによって起こる状態である。複数の記憶の流れが、一つに織り合わされこともないままに交錯するために、過去と現在とは一貫した時間の流れをなさない。想起されるのは、ただ過去の断片だけである。しかも想起された記憶の断片は別の断片を喚起し、記憶はアミダクジ的に横滑りしながら広がってゆく。その結果、主体は記憶の想起を目指して探求しながらも果たせず、現在の自己と過去の自己とはすれ違い、出会い損ねる。そしてこのすれ違いから笑いが生じる。

②**反　復**：ベルクソンにおいて生は、異質な多様性が相互浸透しながら、「流れ」や「リズム」のように絶え間なく生成し、その流れこそが記憶とされたのだが、古井由吉における生は、異質な多様性が相互浸透する過程でありながら、記憶の欠落のために、「流れ」や「リズム」のようなし

なやかさを欠き、反復が生じる。この反復は、知覚における振動と行為における癖として現れる。古井由吉における反復は、記憶に先立ち、それを組織化するものとして再定位される。

③**成　熟**：村上春樹の小説は、多様な因果的流れのなかで生起する出来事の不確定性および世界の複雑性を主題としている点では基本的に一貫している。初期作品においては、そこから離脱し、超越することによって自由になろうとしていたのにたいし、後期作品では、そこに内在的にコミットすることに自由が見い出される。村上春樹における成熟とは、自己の内に潜在する多様な因果的流れを知り、そのなかで能動的な生を追求することである。

④**充　溢**：津島佑子における記憶は、具体的な場所と結びつくことによって、いつまでも鮮明に残る。だからどんなに生活環境が複雑に変化し、現在が過去を排除しようとも、記憶はいつ何時でも、それをかいくぐって現れる。このような充溢する記憶のために、現実と非現実とは明確な区別を持たない。しかし津島佑子にとって記憶が重要なのは、現実と非現実、事実と虚構の区別をするからではなく、感情を喚起し、行為を駆動するからである。それによって困窮に陥った主体は回復し、生の充溢を感じとる。

第2章で強調したように、記憶は行為と密接に関連する現象である。記憶は行為を導く。しかし記憶が損なわれると――すなわち忘却のもとでは――行為は反復に近づく。記憶と行為を二項対立として考えると、そのそれぞれの否定項が、忘却と反復となる。それゆえ、グレマスの意味の四辺形を応用して、これら四つの要素の関係を次のように表現することができる[42]。

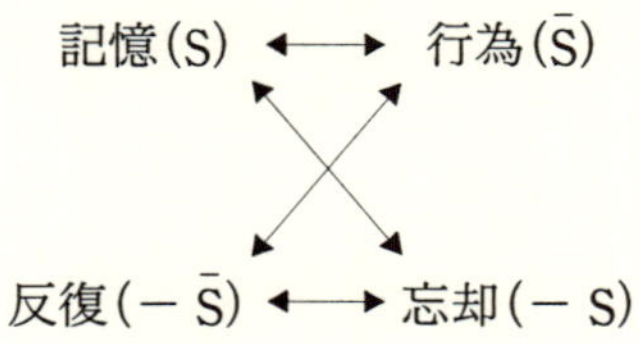

この図式を先の四つのモデルに当てはめてみると、次のようになる。

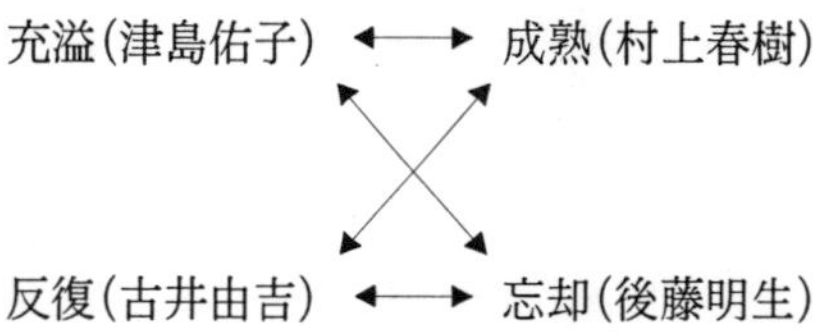

この四角形を設定することで、要素間のさらに複雑な関係を発見することができる。たとえば、後藤明生と村上春樹のあいだにはある共通性がある。両者とも、空間的探求と時間的内省との相関が共通して見られる。前田愛が指摘したような、都市空間のなかの彷徨がそのまま過去の内省につながっているような構造が、そこには共通して見られる。ただし、後藤明生が不確定性の不可避的な呪縛を強調するのにたいし、村上春樹は不確定性にたいしてあくまで主体的であろうとする。不確

定性への決然たるコミットメントを追求し始めた後期作品はもちろん、そこからのデタッチメントを追求していた初期作品でさえ、ある意味ではそうである。いっぽんに、対象から距離をとることは、対象にたいする優位を保持しようとする試みだからである。

そしてまた、古井由吉と津島佑子のあいだにも一定の類似性がある。どちらも水を生命の象徴としてとらえる。しかし古井由吉が、かたちのないはずの生命が個体という殻の中に閉ざされて衰弱する主体の生をめぐって書くのにたいし、津島佑子は、どんなに閉ざされているように見えても、たえず囲いの下に伏流し、あるいは囲いから横溢しつづける生を追求する。

後藤明生や村上春樹が記憶の不確定性を空間的な広がりにおいてとらえようとするのにたいし、古井由吉と津島佑子は、それを生の内奥においてとらえようとする。だから前二者が外部への探求に向かうのにたいし、後二者は――描かれるのがつねに帰郷や旅からの帰還後の生活であることが示唆するように――内部へと回帰する。

また、自由という観点から見れば、後藤明生と古井由吉が不確定性を生きる主体の不自由さや不可避性を強調するのにたいし、村上春樹と津島佑子はむしろそのなかで自由を追求する(43)。

これらの探求と回帰、自由と不自由という要素を先の図式に加えると、次のようになる。

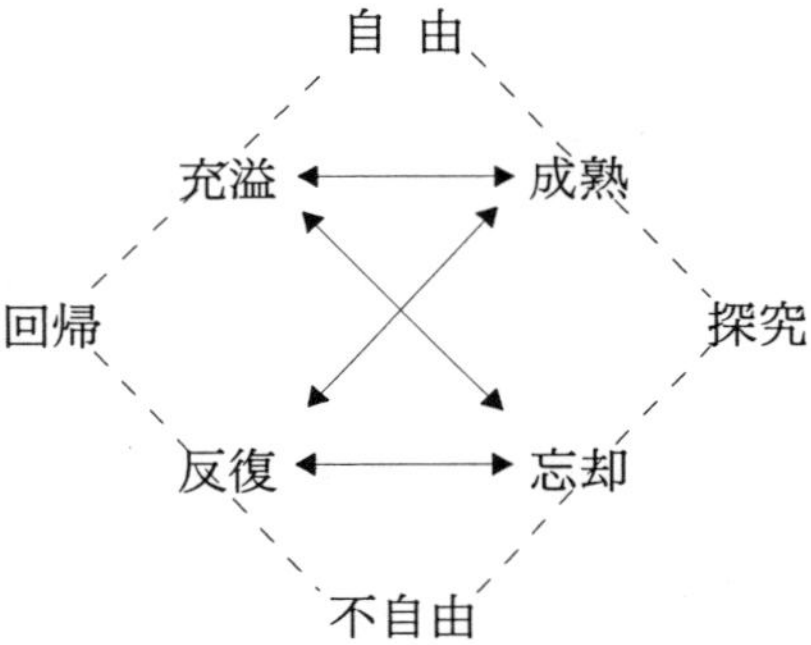

不確定性は、これらの諸要素が織りなす模様としてある。とはいえ、第1章で断っておいたように、これはあくまで後藤明生・古井由吉・村上春樹・津島佑子を例にとった場合の相関図であり、別の作家を例にとれば、また別の図ができるだろう。しかし四人の作家の考察をふまえて得られたこの図は、現代における記憶と生のあり方についての、一つの見取り図とすることができるだろう。

＊

最後にもう一度、不確定性の概念にもどってみよう。本書ではこの概念を、多様な因果系列の複合的な作用によるゆらぎの生成、という基本的な定義を前提としつつも、文脈におうじてある程度柔軟に用いてきた。だからこの概念は、つねに厳密に同じ意味を表してはいないかもしれない。しかし、注意深く用いるかぎり、概念をある程度多義的に用いることは、形式的な定義に縛られて空疎な議論をするよりも、はるかに生産的だと思う。

とはいえ、この不確定性の概念によって含意されていないことも、もちろんある。本書を終えるにあたって、それらについて述べておくことによって、この概念の含意をよりいっそう明確にすることにつとめよう。

第一に、不確定性の概念は、いかなる価値的な優劣も含んでいない。本書は、それがたとえば危機よりも優れているとか進んでいると主張しているわけではない。後藤明生や古井由吉、村上春樹の諸作品にそくして見たように、記憶の不確定性の特徴の一つは過去の欠落である。それはある面では、過去からの解放である。近代における主体の経験が、忘却をうながす社会経済的諸変化と、それがもたらす不安定さを連続性や同一性の構築によって克服しようとする文化的記憶という二つの力の葛藤を軸に成りたっていたとすれば、現代文学における記憶の欠落は、このような葛藤がすでに過去のものとなったことを示唆している。だがそれは、あらゆる葛藤の消滅を意味するわけでない。社会の諸変化はもちろん今日においても見られるが、対照的に連続性や同一性に固執する傾向は低下し、そのため忘却はほとんど常態となっている。この忘却の偏在は、過去からの解放である。もはや人は、自分にとって意味やつながりを見出せない過去の歴史に自己同一化することを強制されることはない。この過去への強制的な同一化からの解放は、しかし、現在への強制的な同一化の始まりでもある。不確定性あるいは記憶の欠落を過去からの解放として称揚するだけでは、たんに現在に同化し、適応することを促すだけである。

そしてまた——これは文学作品の読解をつうじてあきらかになった重要な知見であるが——、現代においても過去は完全に欠落しているわけではない。それはさまざまなかたちで現在に現れる。たしかに現代における記憶は、しばしば欠落したり、変形されたりしている。しかし、そのような欠落や変形は、たんに全体性の喪失あるいは断片化を意味するのではない。むしろその欠落や変形は、過去の痕跡あるいは徴候である。もはや繰りかえすまでもなく、全面的な忘却と見えるなかに過去が痕跡や徴候として現れ、さまざまな作用をもたらすことによって生じるゆらぎ、それこそが本書で不確定性と呼んだところのものであった。したがって、忘却と記憶との葛藤の消滅は、あらゆる葛藤の消滅を意味するわけではなく、別のかたちの葛藤への、あるいはむしろ葛藤からゆらぎへの移行である。現代の主体の経験を特徴づけるのは、もはや社会経済的忘却と文化的記憶との葛藤ではなく、社会・経済から文化にまでいたる全面的な忘却と、そのなかに徴候的に現れる記憶という二つの力の交錯から生じるゆらぎである。このゆらぎ＝不確定性が、葛藤＝危機よりも優れているとか、逆に劣っているなどと言うのはナンセンスである――ちょうど急性病よりも慢性病のほうが、国民国家型戦争よりもテロリズム型戦争のほうが優れているとか劣っていると言うのがナンセンスであるように。本書が目指したのはもっと単純なこと、すなわち現代を特徴づけるあらたな葛藤の形態、あるいはゆらぎを解読するための一つの道具として、不確定性の概念を練りあげることだった。

第二に、近代の危機と現代の不確定性との対比は、近代において不確定性はまったく見られなかったとか、現代において危機はもはやまったく存在しない、といった主張を含んでいない。現代においても、ノスタルジーやメランコリー、あるいは失われゆくものを記念し、記録し、保存しようとする試みなどは少なからずあるし、逆に近代においても、不確定な記憶によってもたらされる生のゆらぎが見られたとしても不思議ではない。本書における近代と現代との対比は、あくまでそれぞれの時代の特徴を際立たせるために案出されたモデルである。ということは、とりもなおさず次の二つのことを意味している。すなわち、モデルにはつねに例外が存在するということ、および二つのモデルの関係は固定したものではないということ。近代の諸現象を、現代の不確定性の概念を基点として再解釈することもできるだろうし、同時に近代の影響を現代のなかに見出すことも難しいことではないだろう。しかし大切なのは、現代が近代とどのように違うのか――ポスト近代なのか、後期近代なのか、高度近代なのか――といった議論をするよりも、現在を理解可能にすることである。近代の危機と現代の不確定性という図式的な区別はそのための一つの手段、ヴィトゲンシュタインにならって言うならば、登り終えたら投げ捨てるべき梯子である。

もちろんこの現在への集中は過去の忘却を意味するわけではない。むしろ、現在を掘りさげてゆけばゆくほど、おのずとその中に過去というもう一つの次元がなんらかのかたちで介入し、現在を現在だけで完結させることを妨げていることが見えてくる。忘却を促す現在の変化に同化したり適応するだけではなく、かといって過去の記憶に固執し、現在の変化に背を向けるのでもない、時間との新しいかかわり方、新しい生き方を創造するために必要なこと、それは現在のなかにある現在以上のもの、徴候として現れる過去を解読し、現在中心主義的な現代の地平に時間の風穴をあけることである。

注

第1章　記憶と社会

(1)さきに引用した小林秀雄の文章は、タイトルのせいか、故郷喪失について語ったものとして読まれてきた。しかしここで言われているのは、故郷喪失ではなく、故郷の不在である。たとえばノスタルジーが故郷を幸福なものとして追想するのにたいし、小林にはそもそもそのような追想に値する故郷がない。故郷は、喪失したのではなく、もともと不在なのであり、だから瀧井孝作が示した故郷へのノスタルジーが、小林には「わからぬ」のである。そしてこの故郷不在が、故郷喪失の言説にはない切迫した印象をもたらしている。

(2)危機と不確定性を表すものとしての急性病と慢性病という比喩は、第4章でふたたび用いられる。

(3)日本語に翻訳されるとき、'contingency' の訳語として「不確定性」が当てられることもある。しかし本書では、一貫して 'indeterminacy' に「不確定性」を、'contingency' に「偶有性」を当てている。

(4)危機が最終的には国民国家の形成にかかわっていたのとおなじように、不確定性はグローバルな世界システムの形成にかかわっていると言えるかもしれない。M・ハートとA・ネグリは『帝国』のなかで、近代国家の「危機」crisisと現代帝国の「腐敗」corruptionとを区別している(Hardt=Negri 2000: 201-202)。危機が社会全体を揺さぶり、それを解体し、崩壊(〝終わり〟)をもたらすと考えられる一つの大きなコンフリクトであるのにたいし、腐敗は見えにくく、増殖し、居場所を特定できないようなミニ・コンフリクトの集積である。喩えて言えば、危機が、ある日突然、家の中に強盗が押しいって生命や財産が侵害される危険に見舞われる状態であるのにたいし、腐敗とはシロアリが家の隅々を徐々に食いあらし、いつの日か、家が瓦解しそうになる状態である。

この「危機」と「腐敗」との区別は、近代の国民国家型ないし帝国主義型の戦争と、現代の帝国型の対テロ戦争とを比較してみることによって容易に理解できる。国民国家型の戦争が、別の手段による外交の継続として、開戦と終戦にかんする政治的手続きをもち、国民を挙げて戦われるものだったのにたいし、テロとの戦争は、麻薬組織との戦いに似て、敵の姿は見えにくく、戦いがいつ始まったかもわからず、そしていつ終わるとも知れない。それは慢性病のように、主体(帝国)をゆっくりと蝕んでゆく。たしかに現代の矛盾は、テロ、国際犯罪、国際金融市場の不安定、疫病、環境汚染など、国境をまたいで拡がり、社会を内側から蝕む諸現象と、それを制御するべく形成される世界秩序とのダイナミクスとして規定されている。とはいえ、この矛盾はまだまだ展開途上であり、今後それがどのようなかたちで現れるのか、不明な部分が多い。

ところで、一九世紀末に誕生した社会学が「社会」という言葉を使うとき、しばしばそれが暗黙に、あるいは公然と、前提していたのが国民国家であったことについては、これまですでに何度も指摘されている(ギデンズ一九八七＝一九九八：五二、一九九三：二七、Featherstone 1990:2-3、伊豫谷二〇〇一：九、二〇〇二：二〇～二一、四〇～四三、トムリンソン二〇〇〇：一八二)。今日の社会学の困難は、ポスト国民国家の時代において、「社会」という概念をどのようにとらえるかにある。今日、国民国家という単位は消滅してはいないものの、それだけで現代世界を説明しきれないのはあきらかである。しかし帝国は、すくなくとも今日、国民国家に代わるような単位ではない。それは十分な法的・制度的な枠組みをもっていないからである。ハート＝ネグリの言う帝国とは、中心のある領土（〝アメリカ帝国〟のような）のことではなく、人・もの・金・情報のグローバルな流れおよびその流れを担う諸機関（国家、多国籍企業、ＧＡＴＴやＷＴＯなどの世界機関、ＮＧＯなどの民間組織など）の集合体である。それゆえそれは、グローバルな世界そのものである。

グローバルなものとローカルなもの（ナショナルなもの）とのジレンマは、社会学にとってはじめて直面する事態ではない。むしろそのジレンマから社会学は創出されたとも言える（Turner 1990: 342; ロバートソン一九九二＝一九九七：三三〜五二）。たとえばＢ・Ｓ・ターナーはつぎのようにのべている。「おそらく一九世紀末に知識人を社会学、社会主義、国際主義へと駆り立てた危機は、……今日においてもエコーが見られる」（Turner ibid: 356）。一方における理念的な普遍性と、他方における歴史的・文化的な特殊性とのジレンマは、一九世紀後半から二〇世紀前半にかけての、多くの知的創造の原動力であった。そしてそれと同種のジレンマは、今日においてもある。しかしもちろん、それは単純な反復ではない。このジレンマが立ちあらわれるその仕方、および人々のそれへの反応は、かならずしもおなじではない。重要なのは、そのちがいを言語化することである。そしてわれわれは、それを近代の危機にたいして現代の不確定性と呼ぶのである。

（5）このような図式化は、つねに過度の単純化をともなうものである。近代において時間が空間にたいして優位にあったということは、空間が重要ではなかったとか、空間的なつながりは存在していなかったということを意味しない。たとえばグローバル化が論じられるようになったのはここ十数年ほどであるが、もちろんそれ以前から諸文化間のグローバルなつながりは存在した。A・センは、中国文明の三大発明(火薬、羅針盤、印刷技術)やアラビア文明の科学技術などが西洋に伝えられた事例をグローバル化の例として挙げ、現代西洋中心主義的に捉えられがちなグローバル化の傾向を是正しようとしている(Sen 2002)。あるいは、経済のグローバルなつながりは、二〇世紀後半よりも一九世紀のほうが量的に多かったという議論もある。しかし、ここにはすこし厄介な問題が含まれている。これらの議論の是非については、グローバル化の概念内容に照らして論じることができるだろうが、それとは別に、そもそもグローバル化という概念自体をそれらの事例に当てはめることが、何によって可能になっているのか、という問題がある。センが挙げているような文明間交流じたいは、歴史的事実として昔から知られていたものである。しかしこれらの歴史的事実は、「グローバル化」の例とは見なされていなかった。それらをグローバル化の事例として含め、過去をその観点から書きかえることは、現在のグローバル化の顕在化によって可能となったことである。近代における空間の重要性については、もっとさまざまなかたちで論じることもできるだろうが、しかしそれらに光が当てられるのは、それは現代の文脈のもとにおいてである。そのことを指摘しておいてうえで、ここではあえて近代と現代との図式的な対比にとどめておくことにする。

(6)この前提は、今日のほとんどの記憶研究に共有されていると言っても過言ではない。第2章で見るように、ベルクソンの記憶論はこの現在主義・構築主義と対立する。また、心理学者の松島(二〇〇二)の議論も、ベルクソンの名はあまり言及されていないものの、まさにベルクソンとおなじ「持続」の概念を用いつつ、現在主義的・構築主義的ではない記憶論を展開している。

(7)共同想起とは、個人が自分の記憶を想起する際に集団や他者のフレームを利用するということであるが、それはかならずしも、諸個人間の記憶が、あるいは個人の記憶と集団の記憶とがつねに一致していることを意味するわけではない。むしろ、戦争の記憶のばあいに見られるように、しばしばそれらのあいだには差異が顕在化することもあり、記憶の社会的フレーム論はそれをも含めて論じる。

(8)さきにのべたように、近年の記憶研究は集合的記憶のほうに傾いてきたため、アルヴァックスも、もっぱら集合的記憶の概念をつくって記憶を社会学的に論じた最初の人として記憶されている。しかし彼の著作のなかには、個人的記憶の間主観的構成について論じたところもある(たとえば『記憶の社会的枠組み』(一九二九)の前半および『集合的記憶』の第1章)。記憶の社会学におけるアルヴァックスの意義は、むしろ、記憶の社会学における三つの前提(現在主義・集合的記憶論・個人的記憶の社会的フレーム論)をすべて提出し、記憶の社会学の問題領域を設定した点にある。現在主義と記憶の社会的フレームはおもに『枠組み』において、集合的記憶論は『枠組み』の後半および『集合的記憶』(一九五〇)において、それぞれ展開されている。

(9)あるいは、津島佑子の『寵児』における主人公のように。あるとき主人公は妊娠に気づくが、後にそれが思い込み――想像妊娠――であることがわかる。妊娠は虚偽であったが、それを真実と信じて生きていた間の主人公の生は虚偽ではない。より詳しくは第6章を参照。

(10)つぎのような疑問もあるかもしれない。本当に記憶にはそのような様式があるのだろうか？　われわれの記憶は本当に時代によって変わっているのだろうか？　むしろそれは、人間に普遍的に備わった能力の一つではないだろうか？　今も昔も、この能力によって、人間は現在の直接性を超えて時間を拡張し、過去のさまざまな経験や知識を保存してきた。そしてそれによって、自分が置かれている環境に反射的に反応する以上のことをし、複雑な社会関係を築いてきた。変化の早い時代もあれば、遅い時代もある。それにおうじて記憶が活発に働くときもあれば、そうでないときもあるだろう。それは、しかし、あくまで時代の変化であり、記憶それ自体の変化ではないのではないだろうか？

これは本質主義と構築主義の対立につながる難問である。ここではこの問題について、つぎのように応えるに止めておくことにする。かりに記憶が人間の普遍的な能力だとして、そのことは、記憶が社会環境と無縁であるということを意味しない。むしろそれは、つねに特定の社会環境のなかで、特定のかたちに水路づけられ、発揮することができるようになる。それなくして、記憶がどのようなかたちで現れ、どのようなことをなしえるのかを言うことはできない。ここでわれわれが主張しているのは、構築主義者のように、記憶は普遍的な能力として社会的に構築されるということではなく、普遍的な能力と、それを現実化する手立てとはつねに切り離しえないということである。あるいは、記憶力が普遍的に存在して、それが特定の社会環境で特定のかたちをとって現れるということではなく、普遍的な記憶力が現実化されるのはつねに特定の社会環境のなかにおいてだということである。記憶は、普遍的な能力であると言ってよいのかもしれない。しかしそれは、潜在能力である。普遍的なものは、つねに潜在的である。だからそれは、特定の社会環境のなかで現実化されないかぎり、実体としてとらえることはできないのである。

(11)したがって本書では、原則としてテクストを解読するためにテクスト外の歴史的事実を参照するということはしていない。しかし読解の傍証あるいは参考として有効であると判断した場合には、幾度か例外的にそうした。

(12)『政治的無意識』以外に、小説を社会学的に論じた書物のなかで、本書を執筆するうえで多くの示唆を受けたものとして、つぎのものがある。G・ルカーチ『小説の理論』(一九二〇)、江藤淳『成熟と喪失』(一九六七)、作田啓一・富永茂樹編『自尊と懐疑』(一九八四)、作田啓一『ドストエフスキーの世界』(一九八八)、C・Cassegaard, *Shock and Naturalization* (2002)。これらの書物は、かならずしも理論的・方法論的に一様でないが、いずれも文学作品の内在的読解をつうじて社会学的考察を展開しており、文学の社会学のすぐれたモデルである。

(13)ラカンは、「精神分析は没歴史的である」というサルトルの批判にたいし、「無意識は歴史なのです」と言っている(信友 一九九九a：一六七)。

(14)「人生の問題を解決したと思い、『いまやなにもかもがすっかり楽になった』と自分にいいたくなったとしよう。これがまちがいであることを証明するためには、つぎのようなことを考えるだけでじゅうぶんだろう。つまり、その『解決』がみつかっていなかった時代というものがあって、しかもそういう時代にも、生きることはできたはずであり、だからそういう時代のことを考えれば、発見した解決など偶然にすぎないように思われてくる、と。わたしたちの論理学の場合も、事情はおなじではないだろうか。論理学の(哲学の)いろいろな問題を『解決』したとしても、つぎのことだけは胆に銘じておくべきだろう。これらの問題はかつては未解決だった(が、そういうときにも、生きることも、考えることもできたはずである)」(ヴィトゲンシュタイン 一九七七＝一九八一：一八)。

第2章　記憶の不確定性──フロイトとベルクソン──

(15)再認は次の三つの過程に区別される。あたらしい出来事を覚える「記銘」memorization、記銘されたものを必要になるまで保存する「保持」retention、保持されたものを必要なときに取り出す「再生」recall。近年ではこれらは、情報処理の言葉をもちいて「コード化」encoding・「貯蔵」storage・「検索」retrieval と言われることも多い。

(16)近年の多重人格現象においても、想起される過去のトラウマ的記憶の空想性がさかんに問題になっている(ハッキング 一九九五＝一九九八)。

(17)『精神分析入門』第二三講「症状形成の経路」も参照。

(18)ラカン派の考えによれば、過去は言語によって語られるか、言語化されずに行動に現れる(行動化)ことによってのみ、一定の輪郭と内容をもった識別可能なものとして実体化される。過去が、これらの媒介を経ず、それそのものとして表出されることはない。その意味では、過去はそれ自体として(実体として)は存在しない。過去はただ現在の地平においてなんらかの〝効果〟として現れたとき、そこから遡行して「かつてあったはずのもの」として措定される。言い換えれば、象徴的ネットワークのなかに取り込まれて構造化されることによって、過去は存在するようになる(ジジェク 一九八九＝二〇〇〇：九〇、信友一九九九b)。

(19)M・アルヴァックスもまた、『記憶の社会的フレーム』において「フレーム」という語によって記憶を論じている。ベルクソンのもとで八年間学んだアルヴァックスの記憶論は、しかし、ベルクソンのそれとはずいぶんちがっている。ベルクソンにとって記憶は行為を可能にする作用因であるのにたいし、アルヴァックスにとって記憶は、個人が属する社会集団のフレームによって再構成される被作用因である。

(20)「すべての規定 determination は否定である。」(ヘーゲル『大論理学』)

第3章　忘却と笑い――後藤明生――

(21)第1章で見たように、この点を批判したのがベンヤミンである。われわれが記憶の問題を論じるうえで「様式」mode の概念を重視するのは、歴史的変化にともなう記憶の多様な変異を把握するためである。
(22)ベンヤミンがボードレールの読解をつうじてモダニティの知覚様式として提示した「衝撃」shock の概念に対比させつつ、村上春樹や村上龍の読解をつうじて、もう一つの知覚様式として「自然化」naturalization の概念を提示したのはC・カッセゴール(二〇〇二)である。
(23)この「楕円」のイメージの由来は武田泰淳『司馬遷』および花田清輝「楕円幻想」である。三人に共通するのは、脱中心化の認識をもたらすきっかけとなったのが戦争体験だったという点である。
(24)探偵小説においてもアイデンティティの問題が追及されることはあり(その傾向は近年のミステリー小説においていっそう顕著である)、この点に都市小説と推理小説の境界線を求めることは適切ではない。あえて境界線を求めるとすれば、それは探究の結末のちがいにある。例外的な作品をのぞき、推理小説において謎はかならず解決され、失われたアイデンティティはかならず再発見される。それにたいして都市小説では、失われた記憶の回復と主体の再統合は、しばしば未遂に終わる。あらためてルカーチを引きあいに出して言えば、近代小説は、失われた全体性の回復に挫折する過程をつうじて生の充実を見出すのであり、だからこそ小説は「成熟した大人の形式」である。
(25)後藤明生の後期の作品になると、探求される対象がみずからの過去ではなく、伝承(『吉野太夫』)や歴史的テクスト(『首塚の上のアドバルーン』や『汝の隣人』など)になってくる。しかし、それらと現在の自己との関係も、やはりアミダクジ的である。

第４章　反復する身体――古井由吉――

(26)病を健康という正常状態からの一時的な逸脱と考えるパーソンズの議論は典型的にこの前提にもとづいている。

(27)不確定性の顕在化は、われわれの生をめぐる認識に多くの変化をひき起こす。たとえば慢性病患者の経験について考察した社会学者であり、みずからも患者であるA・フランクは、つぎのように言っている。「人間の身体は、回復力があるとはいえ、脆弱な fragile ものである。衰弱 breakdown は身体に本来的に備わっている」(Frank [1995] 1997: 49)。こういった認識は、病いや死を排除と克服の対象としか見なさなかった近代の健康至上主義のなかでは生じえなかったものだろう。脆弱な身体は現代の不確定性の一つの徴候であり、慢性病における病のスタイルの形成は、その飼いならしの試みである。

(28)一九三七(昭和一二)年に東京で生まれた古井由吉は四五年の東京大空襲で罹災し、岐阜県に疎開する。また、六五年から七〇年に辞職するまで、立教大学でドイツ語を教えており、教員として学生運動を経験する。

(29)「不眠の祭り」「先導獣の話」「男たちの円居」といった初期の短編では、集合的熱狂への恐怖と魅惑が描かれる。閉ざされた状況のなかで、人は鬱屈した感情を発散させ、個体であることの重さを逃れようとして動物的な〝群れ〟へと堕していく。生の高揚は、不可避的に抑圧的な集合的熱狂にいたる。ここには古井由吉の戦争体験が反響している。

(30)全体の流れが集中的にかかっている一点に主体が位置するというヴィジョンは、他の作品でもたびたび繰りかえされている〔二九七〇〕一九七九：一五、一八〜一九、〔二九七三〕一九九四：二〇二〜二〇三)。

(31)杏子に見られる時間意識とよく似たものを、人類学者のエドマンド・リーチが報告している。「実際、いくつかの未開社会においては、時間の経過は、……同じ方向へたえず進行してゆくという感覚も、また同じ輪のまわりをまわり続けるという感覚も存在しない……。反対に、時間は、持続しない何か、繰り返す逆転の反復、対極間を振動することの連続として経験される。すなわち、夜と昼、冬と夏、乾燥と洪水、老齢と若さ、生と死という具合にである。このような図式にあっては、過去は何ら『深さ』をもつものではない。すべての過去は等しく過去である。それは単に現在の対立物にしかすぎない」(リーチ一九六一＝一九七四：二一二〜二一三)。杏子のばあいと同じく、ここでも時間は、連続的なリズムをなすものではなく、不連続に振動するものと表象されている。

通常、近代の直線的な時間にたいして前近代の時間は、円環的と考えられることが多い。しかしリーチはこの振動する時間こそが「おそらく時間に関するすべての考え方のうちでもっとも基本的でもっとも原初的なもの」と言っている(リーチ一九六一＝一九七四：二一七)。円環的時間は、時間が幾何学的な図形によって連続化＝無限化されている点では直線的時間とおなじである。この連続化＝無限化によって、時間は具体的な事物と結びついたかたちで表象されること(ヌアー族の「牛時間」のように)を止めて、それ自体として完結したかたちで表象可能となる。それゆえ円環的時間もまた、ある種の合理化ないし体系化の産物である。リーチはこの円環的時間を宗教の産物としている。

(32)これはかならずしも、運動の主体がみずからのスタイルについて意識しているということではない。そうである場合もあれば(たとえば芸術家やスポーツ選手のように)、そうでない場合もある。主体は運動じたいについては意識しているが、そこに付随するフォーム＝スタイルについてはそうではない場合が多い。それらは、しばしば無意識的に形成される(Crites 一九九七：二八)。

第5章 成熟の探求――村上春樹――

(33)成熟の遅延／探求の例を〝現実〟の社会に求めるなら、自分探しや引きこもりを挙げることができる。後者は、外に出て行動するという意味での探求はあまり見られないけれども、そこにもはやり成熟を目指しながらもそれを実現できないという成熟の困難がある。引きこもりの兄の生活を弟が撮った『home』というドキュメンタリー映画がある。二〇〇三年一月に大阪のとある映画館でこの映画が上映され、上映後、主人公の兄のトークショーがあった。そこで彼はとても印象的なことを語った。自宅に引きこもって母親への暴力を振るう兄と、その兄の暴力におびえつつも離れようとしない母、そしてそこにカメラを持った記録者として存在すると同時に当事者として介入する(兄の暴力を止めたり、母を励ますなどのかたちで)弟(でありかつ子)との関係を描いたこの映画は、兄が仕事を見つけるために置き手紙をして家を出る場面で終わっている。上映後のトークショーで、兄は、この映画が一種の〝成功物語〟として受け取られることを拒否した。この映画は、引きこもりからの帰還を描いた〝回復の物語〟ではない。なぜなら、またいつか再び引きこもらないとは言い切れないから。低い状態から高みへと上昇してゆき、ある一定の地点で均衡状態に達するというのが近代的な成長＝発達の過程だったとすれば、ここにはそのような安定した過程はない。いつかまた繰り返してしまうかもしれないという反復の恐れが、〝健全〟な成長を妨げる。前章で見たように、この反復および衰弱への滞留は、現代における不確定性の徴候である。われわれが引きこもりという現象にどれだけ有効にアプローチできるかも、それをどれだけ内在的に理解できるかに、少なからずかかっているだろう。

とはいえ、本書が考察の対象としているのはあくまで小説である。小説のなかの事柄と〝現実〟の世界の現象との関連を論じるためには、綿密な分析を経る必要がある。そうでないと、場当たり的に類似した事例を引き合いに出すだけに終わりかねない。ここではあくまで村上春樹の小説を考察の対象として限定し、現代社会における成熟の特徴について考察する。

(34)一九九二年に村上春樹はプリンストン大学で受け持った現代日本文学のセミナーで、この『成熟と喪失』をサブ・テクストとして用いている。

(35)このような立場から向けられる批判の一例として柄谷(一九九五)を参照。

(36)この短編は『ノルウェイの森』の冒頭部分に再利用されるが、『ノルウェイの森』ではこの場面は省略されている。

(37)「『外的なもの』Äußere、『対象』Objekt、『憎まれたもの』Gehaßte、などはごく最初は同一のものであったのかもしれない」(フロイト 一九一五＝一九七〇：四二)。

(38)『海辺のカフカ』(二〇〇二)では、これと同じ認識が、貨物列車の「積み荷」の比喩によって語られる。「これは記憶の『喪失』というよりは、むしろ『欠落』というに近いものです。……『喪失』と『欠落』のあいだには大きな違いがあります。簡単に説明しますと、そうですね、連結して線路の上を走っている貨物列車を想像してみてください。その中の一両から積み荷がなくなっている。中身だけのない空っぽの貨車が『喪失』です。中身だけではなく、貨車自体がすっぽりなくなってしまうのが『欠落』です」(二〇〇二：一〇六)。ここで言われている「喪失」と「欠落」とは、われわれが論じた喪失と不在とに完全に対応している。ここからも明らかなように、『海辺のカフカ』は『ねじまき鳥』同様、主人公が因果的つながりを欠いた世界を探求し、その過程で記憶へと辿り着くことで世界とのつながりを回復する小説である。しかしこの作品では世界の複雑性がそれほど複雑ではなく、主人公の探求も平板である。この作品における記憶は、たんに自己確認のためのものであり、そのためにこの作品はたんなるエディプス物語に近くなっている。

第6章　充溢する記憶——津島佑子

(39)アメリカの作家トニ・モリソンが、あるところでこのエピソードと完璧に同じことを語っている。「ミシシッピ川は、家や居住可能な土地を作るために、ところどころ流れをまっすぐに変えられました。川はときに氾濫して、これらの場所を水浸しにします。『氾濫』という言葉が使われますが、実際のところ、氾濫ではなく思い出すことです。かつていた場所を思い出すことです。すべての水は完璧な記憶を持っていて、絶えずかつての場所に戻ろうとします。作家も同じです。私たちがかつていた場所、通り抜けた谷間、かつての川岸、そこにあった光や、起源に戻る道筋を思い出します。それは感情の記憶です——神経や皮膚が記憶しているもの、そしてそれがどのようなものだったかということなのです。想像力の殺到が私たちの『氾濫』です」(モリソン 一九九七)。ここで語られていることは、津島佑子の認識と驚くほど一致している。津島佑子における充溢とは、ここで言われている「氾濫」に他ならない。

(40)『火の河のほとりで』(一九八三)をはじめとするいくつかの津島作品において、西陽が主人公に両義的な感情を惹きおこすものとして描かれるのも、それが光と闇の境界にあるもの、闇の訪れを知らせる特別な光だからである。

(41)百合の平穏な結婚生活は、かつての忌まわしい出来事の記憶を忘却／抑圧することによって成りたっているのだが、しかしその忘却／抑圧は完全なものではなく、事件当時を思い起こさせる雪と西陽への嫌悪として行動化される。

結　論

(42)グレマスの意味の四角形は、ある二項対立的概念〈S／-S〉のそれぞれに否定項〈$\overline{S}$／-$\overline{S}$〉をつけ、Sと-S、$\overline{S}$と-$\overline{S}$とがそれぞれ対角線になるように配列して構成された四角形である。グレマスの意味の四角形を文学作品へ適用した例として、ジェイムソン(一九八一：四六〜四九、八二〜八三、一六六〜一八八、二五四〜二五六、二七六〜二七七)を参照。

(43)この点は、ある程度世代の違いが現れているのかもしれない。前二者が戦中世代であるのにたいし、後二者は戦後世代である。

あとがき

「これは社会学なのか？」本書の各章のもととなった論文にたいして、しばしば言われてきたのがこの問いだった。テーマが記憶で対象は文学作品、しかも社会学者よりも哲学者や批評家など他分野の人名のほうが多く登場する論文が、あまりオーソドックスな社会学の研究ではないことは自分でも認識していたけれども、しかしどうしてこれが社会学でないとされるのか、正直なところ不思議だった。「社会秩序の学」や「脱常識の学」など、社会学の定義はさまざまあるけれども、私にとって社会学とは、何よりもまず「近代社会の自己認識の学」である。自分が今生きている社会がどのようなものかという問いに答えてくれる――あるいはそれを問う手立てを与えてくれる――ことこそが、この学問の魅力だと思う。

本書で私が目指したのは、ただ一つのことである。すなわち、現代という、かたちのないもののかたちをとらえること。文学や哲学、批評など、社会学以外の学問分野の知識や議論が多用されているのも、べつに「脱領域」や「学際」を意図していたわけではなく、ただこの現代という時代の輪郭を可能なかぎり明晰にとらえたいと思い、使えると判断した手持ちの知識を片っ端から使った結果である。

今日では、社会学のテーマや対象があまりに拡散しすぎたため、学問として求心力を失いつつあることにたいし、批判や危惧の声が社会学の内外から寄せられている。そのような人たちの眼から見れば、本書もまた、社会学の拡散傾向の一例と見えるのかもしれない。けれども私自身は、テーマや対象それ自体に良し悪しや優劣があるのではなく、むしろ大切なのは推論の仕方だと思っている。あらゆる社会現象はなんらかのかたちで互いにつながっている。そうである以上、どんなテーマやどんな対象を取りあげても、適切に論理を展開してゆけば、現代社会の解明につながってゆくはずである。探偵小説や精神分析が教えてくれるように、誰もが問題と見なしているような現象よりも、むしろ一見些細に見える現象から事の真相がより明瞭に見えるということも、しばしばある。日常的な現象から出発し、複雑なつながりを辿ることをつうじて同時代の社会を解き明かすこと。それこそ、社会学的探求の醍醐味ではないだろうか。本書もまた、そのような社会学的探求の試みであった。それがどれだけ成功しているかは、もちろん、読者の方々のご意見を俟たなければならない。

自分の問題意識だけを信じて研究を進めてきたつもりだったが、本書が完成した今、振りかえってみて、これまで多くの人に支えられてきたことを今さらながら感じている。そのすべての人の名前を挙げることはできないので、とくにお世話になった人々の名前を挙げて感謝の意を表したい。

学生時代には、宝月誠先生、井上俊先生、松田素二先生のもとで自由に研究させていただき、さまざまな支援や助言をいただいた。大学から急速に自由な雰囲気が失われてゆく今日、そのような大らかな研究環境がいかに貴重なものだったかを痛感している。

多くの友人たちとのインフォーマルな交流のなかで研究を進めることができたのは幸運だった。とくにカール・カッセゴール氏との対話および彼の書物がなければ、おそらく本書は存在さえしていなかった。

研究会「分身の会」では、作田啓一先生をはじめとするメンバーの方々に、多くの有益なコメントや批判をいただいた。それまでは勢いで書いていた私が、理論的に詰めて書くことを意識しだしたのは、この会の影響が大きかった。

出版の機会を与えてくださった東信堂の下田勝司氏と、細かな校正の作業をしていただいた同じく向井智央氏のおかげで、本書は世に出ることができた。出版にいたるまで、お二人にはさまざまなご面倒をおかけした。深く謝意を表したいと思う。

最後に、何を研究しているのかについて、ほとんどまったく説明責任を果たさなかった私を、長年にわたって支えつづけてくれた両親に、心から感謝の意をこめて本書を捧げたい。

松浦　雄介

二〇〇五年三月

初出一覧

本書は、博士論文『記憶の社会学―現代の不確定性について』をもとにしている。各章の初出は下記のとおりである。第2・3・4章は若干の加筆修正を、第5章は大幅な変更をした。

第1章　書き下ろし

第2章　「記憶の不確定性――フロイトとベルクソン――」『現代社会理論研究』一二号、一四～二五頁、二〇〇二年

第3章　「忘却と笑い――後藤明生における記憶と生」『ソシオロジ』一四六号、三七～五四頁、二〇〇三年

第4章　「反復する身体――古井由吉における記憶と生」『京都社会学年報』第一二号五七～七四頁、二〇〇四年

第5章　「個人化の時代における寛容のかたち――村上春樹と他者への態度――」京都大学二一世紀COEプログラム報告書Ⅲ（哲学篇2）『グローバル化時代の多元的人文学の拠点形成』六三～八五頁、二〇〇四年

第6章　書き下ろし

ページ。
————、[1988] 1997、「真昼へ」『真昼へ』、東京、新潮社、127-217 ページ。

Turner, Bryan.S., 1990 "The Two Faces of Sociology: Global or National?", in Featherstone (ed) , *Global Culture*.

上野千鶴子、199、「『記憶』の政治学」『ナショナリズムとジェンダー』、東京、青土社、145-199 ページ。

Wittgenstein, Ludwig., 1977, *Vermischete Bemerkungen*, Frankfurt am Main: Suhrkamp. (=1981、丘澤静也訳『反哲学的断章』、東京、青土社、240 ページ。)

ヨネヤマリサ、1996、「記憶の弁証法——広島」『思想』No.866、5-29 ページ。

吉本隆明、1988、「解説」(古井由吉『槿』福武書店、所収、478-489 ページ。)

Yates, Francis, A., 1966, *The Art of Memory*, London: Routledge & Kegan Paul. (=1993、玉泉八洲男ほか訳『記憶術』、東京、水声社、519 ページ。)

Žižek, Slavoy., 1989, *The Sublime Object of Ideology*, London: Verso. (=2000、鈴木晶訳『イデオロギーの崇高な対象』、東京、河出書房新社、353 ページ。)

————, 1994, *The Metastases of Enjoyment*, London:Verso(=1994、松浦俊輔訳『快楽の転移』、東京、青土社、407 ページ。)

作田啓一・富永茂樹 (編) 、1984、『自尊と懐疑』、東京、筑摩書房、243 ページ。

Sen, A., 2002,"How to Judge Globalism", http://www.prospect.org/print/V13/1/sen-a.html

新宮一成、1989、「メランコリーと故郷喪失の幻想——『浄土幻覚』から『日常』まで——」『無意識の病理学:クラインとラカン』、東京、金剛出版、232 ページ。

Tadié, J-Y = Tadié M., 2002, *Le Sens de la Memoire*, Paris: Gallimard, 355p.

高野陽太郎 (編) 、1995、『認知心理学２　記憶』、東京、東京大学出版会、292 ページ。

Tomlinson,John., 1999, *Globalization and Culture*, Cambridge: Polity Press. (=2000、片岡信訳『グローバリゼーション　文化帝国主義を超えて』、東京、青土社、371 ページ。)

塚原仲晃、1987、『脳の可塑性と記憶』、東京、紀伊国屋書店。

津島佑子、 1973、『生き物の集まる家』、東京、新潮社。

————、 [1974] 1977、「魔法の紐のような“時間”」『透明空間が見える時』、東京、青銅社、26-29 ページ。

————、[1978] 1980、『寵児』、東京、河出書房新社、254 ページ。

————、1980、「インタヴュー 私の文学」『国文学 解釈と鑑賞』6 月号、151-159 ページ。

————、 [1979] 1984、『光の領分』、東京、講談社、228 ページ。

————、1984a、「彼方」『黙市』、東京、新潮社、9-20 ページ。

————、1984b、「夢の道」『黙市』、23-38 ページ。

————、1984c、「野一面」『黙市』、63-80 ページ。

————、 [1983] 1988、『火の河のほとりで』、東京、講談社、460 ページ。

————、 [1986] 1989、『夜の光に追われて』、東京、講談社、446 ページ。

————、[1982] 1990a、「ボーア」『水府』、東京、講談社、9-51 ページ。

————、 [1982] 1990b、「番鳥森」『水府』、東京、講談社、101-144

———、[1997] 1999、『アンダーグラウンド』、東京、講談社、777 ページ。

———、2002、『海辺のカフカ』上・下、東京、新潮社、397 (上)・429 (下) ページ。

村上春樹・河合隼雄、1996、『村上春樹、河合隼雄に会いにいく』、東京、岩波書店、198 ページ。

Negri.A=Hardt.M., 2000, *Empire*, Cambridge:Harvard University Press.

二木宏明、1989、『脳と記憶』、東京、共立出版、170 ページ。

信友建志、1999a、「フロイトの心的装置」『人間存在論』第五号、159 -171 ページ。

———、1999b、「原光景と事後性の問題」『京都大学総合人間学部紀要』第 6 巻 .111-126 ページ。

Nora, Pierre.,1984,"Entre Mémoire et Histoire: Le problématique des lieux", Paris:Gallimard. (=2000、長井伸仁訳「記憶と歴史のはざまに——記憶の場の研究に向けて——」『思想』No.911、13-37 ページ。

荻野昌弘 (編) 、2002、『文化遺産の社会学　ルーブル美術館から原爆ドームまで』、東京、新曜社、332 ページ。

Olick, Jeffrey.K., 1999a," Collective Memory: The Two Cultures", Sociological Theory, 17:3, pp.333-348.

———, 1999b, "Genre Memory and Memory Genres: A Dialogical Analysis of May 8,1945 Commemorations in the Federal Republic of Germany", American Sociological Review,Vol.64, pp.381-402.

Olick, J, K.= Levy,D., 1997,"Collective Memory and Cultural Constraint: Holocaust Myth and Rationality in German Politics", American Sociological Review, Vol.62,pp.921-936.

Poulet,G., 1950, *Études sur le Temps Humain*, Paris: Plan. (=1969、井上究一郎監訳『人間的時間の研究』、東京、筑摩書房、452 ページ。)

作田啓一、1988、『ドストエフスキーの世界』、東京、筑摩書房、395 ページ。

河村望訳「過去の本性」『デューイ = ミード著作集　現在の哲学・過去の本性』東京、人間の科学社、107-118 ページ。)

三浦雅士、[1982] 1988、『主体の変容』、東京、中央公論社、355 ページ。

————、[1983] 1989、『メランコリーの水脈』、東京、福武書店、315 ページ。

————、1983、「解説」後藤明生『吉野太夫』、東京、中央公論社、221-229 ページ。

モーリス＝鈴木・T.、1998、「グローバルな記憶・ナショナルな記述」『思想』No.890、35-56 ページ。

モリソン、トニ、1997、「記憶の場所」今福龍太ほか (編)『世界文学のフロンティア (5)　私の謎』、東京、岩波書店、193-207 ページ。

村上春樹、[1979] 1982、『風の歌を聴け』、東京、講談社、155 ページ。

————、[1980] 1983、『1973 年のピンボール』、東京、講談社、176 ページ。

————、[1982] 1985、『羊をめぐる冒険』上・下、東京、講談社、245・231 ページ。

————、[1984] 1987、「蛍」『蛍・納屋を焼く・その他の短編』、東京、新潮社、9-47 ページ。

————、[1985] 1988、『世界の終りとハードボイルド・ワンダーランド』上・下、東京、新潮社、397 (上)・347 (下) ページ。

————、[1987] 1991a、『ノルウェイの森』上・下、東京、講談社、269 (上)・262 (下) ページ。

————、[1988] 1991b、『ダンス・ダンス・ダンス』上・下、東京、講談社、373 (上)・365 (下) ページ。

————、[1992] 1995a、『国境の南、太陽の西』、東京、講談社、299 ページ。

————、1995b、「メイキング・オブ・『ねじまき鳥クロニクル』」『新潮』十一月号、東京、270-288 ページ。

————、[1994-1995] 1997、『ねじまき鳥クロニクル』１・２・３、東京、新潮社、312 (1)・361 (2)・509 (3) ページ。

様々なる意匠』、東京、新潮社、11-27ページ。
――――、[1933] 1968、「故郷を失った文学」『小林秀雄全集　第三巻　私小説論』、東京、新潮社、29-37ページ。
小森陽一、1988、「津島佑子論――孕み込む言葉」『国文学　解釈と教材』第33巻10号、87-93ページ。
Kundera, Milaan., 1978, *Le Livre du Rire et de l'Oubli*, Paris: Gallimard. (=1992、西永良成訳『笑いと忘却の書』、集英社、326ページ。)
Leach, E, R., 1961, *Rethinking Anthropology*, London:Athlone Press. (= 1974, 青木保・井上兼行訳『人類学再考』、東京、思索社、305ページ。)
Le Goff, Jacques., 1988, *Histoire et Mémoire*, Paris: Gallimard. (= 1999、立川孝一訳『歴史と記憶』、東京、法政大学出版局、340ページ。).
Lukacs, George., 1920, *Die Theorie des Romans Ein Geschichtsphilosophisher Versuch über die Formen der großem Epik*, Berlin: Cassirer (=1994、原田義人訳『小説の理論』、筑摩書房、237ページ。)
前田愛、1992、『都市空間のなかの文学』、東京、筑摩書房、663ページ。
――――、2001、「一九七〇年の文学状況――古井由吉『円陣を組む女たち』をめぐって――」テツオ・ナジタ他編『戦後日本の精神史――その再検討』、東京、岩波書店、240-255ページ。
真木悠介、1981、『時間の比較社会学』、東京、岩波書店、308ページ。
Masson, Jeffrey, M.,1995, *The Complete Letters of Sigmund Freud to Wilhelm Fliess 1887-1904*, Cambridge: The Belknap Press of Harvard University Press (=2001、河田晃訳『フロイト　1887-1904 フリースへの手紙』、東京、誠信書房、592 ページ。)
松島恵介、2002、『記憶の持続　自己の持続』、東京、金子書房、219ページ。
May, Rolo (et al) ., 1958, *Existence*, New York: Basic Books,445p.
Mead, George, H.,1929,"The Nature of the Past," Coss. J (ed) ., *Essays in Honor of John Dewey*, New York: Henry Holt & Co. (=2001 、

今井信雄、2002、「阪神大震災の『記憶』に関する社会学的考察——震災地につくられたモニュメントを事例として——」『ソシオロジ』145 号、89-104 ページ。

井上俊、1981、「文学の社会学」『現代社会学』16、8巻2号、2 ページ。

岩井克人、[1985] 1992、『ヴェニスの商人の資本論』、東京、筑摩書房、317 ページ。

伊豫谷登志翁、2001、『グローバリゼーションと移民』、東京、有信堂、255 ページ。

————、2002、『グローバリゼーションとは何か　液状化する世界を読み解く』、東京、平凡社、204 ページ。

Jameson, Frederic., 1981,*The Political Unconscious: Narrative as a socially symbolic act*, Ithaca: Cornell University Press. (=1989、大橋洋一ほか訳『政治的無意識　社会的象徴行為としての物語』、東京、平凡社、453 ページ。)

柄谷行人、[1971] 1990、「閉ざされたる熱狂」『畏怖する人間』、東京、講談社、158-193 ページ。

————、[1978] 1990、『マルクスその可能性の中心』、東京、講談社、254 ページ。

————、[1989] 1995、「村上春樹の『風景』」『終焉をめぐって』、東京、講談社、89-135 ページ。

樫村愛子、1998、『ラカン派社会学入門』、横浜、世織書房、340 ページ。

片桐雅隆、2003、『過去と記憶の社会学』、京都、世界思想社、215 ページ。

Kermode, Frank., 1966,*The Sense of an Ending*, Oxford: Oxford University Press. (=1991、岡本靖正訳『終りの意識』、東京、国文社、236 ページ。)

Klages, Ludwig, 1923, *Vom Wesen des Rhythmus*, Zurich und Leibzig, Verlag Gropengiesser (=1971、杉浦実訳『リズムの本質』、東京、みすず書房、142 ページ。)

小林秀雄、[1929] 1962、「様々なる意匠」『小林秀雄全集　第一巻

――――、1971、『書かれない報告』、東京、河出書房新社、206 ページ。

――――、[1973] 1991、『挟み撃ち』、東京、講談社、295 ページ。

――――、1976、『夢かたり』、東京、中央公論社、373 ページ。

――――、1979、『嘘のような日常』、東京、平凡社 、208 ページ
――――、[1981] 1990、『笑いの方法　あるいはニコライ：ゴーゴリ』、東京、福武書店、305 ページ。

――――、1983、『行方不明』、東京、福武書店、244 ページ。

――――、1987、『カフカの迷宮　悪夢の方法』、東京、岩波書店、227 ページ。

――――、1995、『小説は何処から来たか　二〇世紀小説の方法』、京都、白地社、430 ページ。

Gross, David., 2002, *Lost Time: On Remembering and Forgetting in Late Modern Culture*, Amherst: University of Massachusetts Press, 199p.

Hacking, Ian.,1995, *Rewriting the Soul*, Princeton: Princeton University Press. (=1998、北沢格訳、『記憶を書きかえる』、東京、早川書房、1998、363 ページ。)

Halbwachs, Maurice., [1929] 1994 (ed par G.Namer), *Les Cadres Sociaux de la Mémoire*. Paris: Albin Michel, 374p.

――――, 1950, *La Mémoire Collective* Paris: P.U.F. (=1989、小関藤一郎訳『集合的記憶』、京都、行路社、264 ページ。)

浜日出夫、2000、「記憶のトポグラフィー」『三田社会学』第 5 号、4-17 ページ。

Harvey, David., 1990, *The Condition of Postmodernity: an enquiry into the origins of cultural change*, Oxford: Blackwell. (=1999、長谷川公一ほか訳『ポストモダニティの条件』、東京、青木書店、478 ページ。)

林達夫、1976、「ベルクソン以後――改版へのあとがき――」(ベルクソン『笑い』所収、208-225 ページ。)

細辻恵子、1984、「ノスタルジーの諸相」作田・富永編『自尊と懐疑』、101-128 ページ。

東京、講談社、7-43 ページ。

————、[1970] 1973b、「男たちの円居」『雪の下の蟹・男たちの円居』115-210 ページ。

————、[1968] 1974、「木曜日に」『円陣を組む女たち』、東京、中央公論社、7-44 ページ。

————、[1970] 1974、「不眠の祭り」『円陣を組む女たち』121-170 ページ。

————、[1970] 1979、「杳子」『杳子・妻隠』、東京、新潮社、8-145 ページ。

————、[1971] 1994、「影」『水』、東京、講談社、9-34 ページ。

————、[1972] 1994、「水」『水』、37-69 ページ。

————、[1973] 1994、「弟」『水』、167-221 ページ。

————、1980a、「文体について」『古井由吉　全エッセイⅡ』、東京、作品社、69-72 ページ。

————、1980b、「山に行く心」『古井由吉　全エッセイⅢ』、東京、作品社、79-85 ページ。

————、[1982] 1998、「陽気な夜回り」『木犀の日』、東京、講談社、63-88 ページ。

Giddens, Anthony., 1987, *Social Theory and Modern Sociology*, Cambridge: Polity Press. (=1998、藤田弘夫監訳『社会理論と現代社会学』、東京、青木書店、406 ページ。)

————, 1990, *The Consequences of Modernity*, Cambridge: Polity Press. (= 1993、松尾精文ほか訳『近代とはいかなる時代か？　モダニティの帰結』、東京、而立書房、254 ページ。)

後藤明生、[1962] 1983、「関係」『行方不明』、、5-53 ページ。

————、1967a、「離れざる顔」『文学界』1 月号、東京、文芸春秋社、204-229 ページ。

————、1967b、「無名中尉の息子」『文学界』7 月号、東京、文芸春秋社、150-181 ページ。

————、[1969] 1973、「笑い地獄」『現代の文学 37』、東京、講談社、380-413 ページ。

Culture, pp.1-14.

Featherstone, Mike（ed）., 1990, *Global Culture*, London, Newbury Park, New Delhi: Sage Publications, 411p.

Featherstone, Mike et al (ed).,1995, *Global Modernities*, London, Newbury Park, New Delhi: Sage Publications,292p.

Frank, Arthur,W., 1995=1997, *The Wounded Storyteller*, London: The University of Chicago Press, 213p.

Freud, Sigmund., 1895, "Entwurf einer wissenschaftlichen Psychologie"（=1974、「科学的心理学草稿」懸田克躬ほか訳『フロイト著作集７　ヒステリー研究』、京都、人文書院、233-314 ページ。）

————, 1896, "Zur Åtiologie der Hysterie". (=1983、「ヒステリーの病因について」高橋義孝ほか訳『フロイト著作集 10　文学・思想篇Ⅰ』、京都、人文書院、7-32 ページ。）

————, 890,"Traumdeutung". (=1968、高橋義孝訳『フロイト著作集２　夢判断』、京都、人文書院、535 ページ。）

————, 1915,"Trieb und Triebschicksale". (=1970、「本能とその運命」井村恒郎ほか訳『フロイト著作集６　自我論・不安本能論』、京都、人文書院、59-77 ページ。）

————, 1917,"Vorlesungen zur Einfuhrung in die Psychoanalyse."（=1971、懸田克躬ほか訳『フロイト著作集１　精神分析入門(正・続)』、人文書院、543 ページ。）

————, 1917,"Trauer und Melancholie" (=1970、「悲哀とメランコリー」『フロイト著作集６』、137-149 ページ。）

————, 1918, "Aus der Geschichte einer infantilen Neurose".（=1983、「ある幼児期神経症の病歴より」小此木圭吾訳、『フロイト著作集９　技法・症例編』、京都、人文書院、348-453 ページ。）

————, 1937, "Konstruktion in der Analyse".(=1983、「分析技法における構成の仕事」『フロイト著作集９』、140-149 ページ。）

古井由吉、[1969] 1973a、「雪の下の蟹」『雪の下の蟹・男たちの円居』、

『物質と記憶』、東京、白水社、301 ページ。)

———, 1900, *Le Rire: Essai sur la Signification du Comique*, Paris: Alcan. (=1958、林達夫訳『笑い』、東京、岩波書店、225 ページ。)

Butler, J., Laclau, E., Žižek,S., 2000,*Contingency,Hegemony,Universality: Contemporary Dialogues on the Left*, London: Verso. (=2002、竹村和子・村山敏勝訳『偶発性・ヘゲモニー・普遍性』、東京、青土社、441 ページ。

Canningham, David.,2002 "Trying (Not) to Understand: Adorno and the Work of Beckett", Lane R. (ed), *Beckett and Philosophy*, Basingstoke: Palgrave, 2002, 184p.

Cassegård, Carl., 2002, *Shock and Naturalization*, Lund: Lund University, 249p.

Chakravarty,Dipesh.,2000,"Europe as a Problem of Indian History" (大久保桂子訳「インド史の問題としてのヨーロッパ」『トレイシーズ』1、東京、岩波書店、11-37 ページ。)

コルバン, アラン, 2003「歴史感覚が平面化して軽視される遺産や体験」朝日新聞 11 月 12 日

Crites, Stephen., 1997,"The Narrative Quality of Experience", Hinchman. L.P. & Hinchman.S.K (ed), *Memory, Identity, Community-The Idea of Narrative in the Human Sciences*, Albany: State University of New York Press, pp.26-50.

Deleuze, Gilles., 1956, *La Conception de la Différence chez Bergson*, Paris: Albin Michel. (=1989、平井啓之訳、『差異について』、東京、青土社、169 ページ。)

———, 1966, *Le Bergsonisme*, Paris: P.U.F. (=1974、宇波彰訳、『ベルクソンの哲学』東京、法政大学出版局、136 ページ。)

Dennett, Daniel., 1990, "Cognitive Wheels: The Frame Problem of AI", in Boden.A.B (ed), *The Philosophy of Artificial Intelligence*, Oxford, New York: Oxford University Press, pp.147-170.

江藤淳、[1967] 1993、『成熟と喪失』、東京、講談社、301 ページ。

Featherstone, Mike.,1990,"Global Culture: An Introduction", in *Global*

参考文献

Althusser, L=Balibar,E.,1968, *Lire le Capital*, Paris: Librairie François Maspero. (=1974、権寧ほか訳『資本論を読む』、合同出版、433ページ。)

浅野智彦、2001、『自己への物語論的接近』、東京、勁草書房、258ページ。

Auster, Paul., 1992, *Leviathan*, New York: Viking Press. (=2002、柴田元幸訳『リヴァイアサン』、東京、新潮社、413ページ。)

Benjamin, Walter., 1936, "Das Kunstwerk im Zeitalter seiner technischen Reprodzierharkeit". (=1970、「複製技術の時代における芸術作品」佐々木基一編『ベンヤミン著作集 2　複製技術時代の芸術』、東京、晶文社、9-59ページ。)

————, 1939,"Über einige Motive bei Baudelaire". (=1975、「ボードレールのいくつかのモティーフについて」川村二郎・野村修編『ベンヤミン著作集 6　ボードレール』、東京、晶文社、164-221ページ。)

Berger, James.,1999, *After the End,* Minneapolis, the University of Minneapolis Press, 277p.

Berger, Peter., 1963, *Invitation to Sociology: A Humanistic Perspective*, New York: Doubleday. (=1979、水野節夫・村上研一訳『社会学への招待』、東京、思索社、289ページ。)

Bergson,Henri., 1889, *Essai sur les Données Immédiates de la Conscience*, Paris, P.U.F. (=2002、合田正人・平井靖史訳『意識に直接与えられたものについての試論——時間と自由』、東京、筑摩書房、310ページ。)

———— , 1897, *Matière et Mémoire*, Paris: P.U.F. (=1999、田島節夫訳

人名索引

事項索引

著者紹介

松浦　雄介（まつうら　ゆうすけ）

1973年　京都府に生まれる
2001年　京都大学大学院文学研究科博士課程満期退学
現　在　熊本大学文学部専任講師
専　攻　社会学
主論文
「知と信の社会理論—『宗教生活の原初形態』における」『社会学評論』51号
「実証主義の諸問題—認識論的批判とその存在論的意味」『ソシオロジ』134号

Indeterminacy of Memory - A Sociological Investigation -

記憶の不確定性——社会学的探究

2005年3月31日　　初　版 第1刷発行　　〔検印省略〕

＊定価はカバーに表示してあります

著者 © 松浦雄介　発行者 下田勝司　　印刷・製本　中央精版印刷

東京都文京区向丘 1-20-6 郵便振替 00110-6-37828
〒113-0023　TEL (03) 3818-5521㈹　FAX (03) 3818-5514
E-Mail tk203444@fsinet.or.jp

発行所 株式会社 東信堂

Published by **TOSHINDO PUBLISHING CO., LTD.**
1-20-6, Mukougaoka, Bunkyo-ku, Tokyo, 113-0023, Japan
http://www.toshindo-pub.com/

ISBN4-88713-601-3 C3036 2005©Y. MATSUURA

東信堂

書名	著者	価格
大学の自己変革とオートノミー—点検から創造へ	寺崎昌男	二五〇〇円
大学教育の創造—歴史・システム・カリキュラム	寺崎昌男	二五〇〇円
大学教育の可能性—教養教育・評価・実践・	寺崎昌男	二五〇〇円
大学の授業	宇佐美寛	二五〇〇円
大学授業の病理—FD批判	宇佐美寛	二五〇〇円
作文の論理—〈わかる文章〉の仕組み	宇佐美寛編著	一九〇〇円
大学の指導法—学生の自己発見のために	児玉・別府・川島編	二八〇〇円
大学授業研究の構想—過去から未来へ	京都大学高等教育教授システム開発センター編	二四〇〇円
学生の学びを支援する大学教育	溝上慎一編	二四〇〇円
戦後オーストラリアの高等教育改革研究	杉本和弘	五八〇〇円
私立大学の財務と進学者	丸山文裕	三五〇〇円
私立大学の経営と教育	丸山文裕	三六〇〇円
公設民営大学設立事情	高橋寛人編著	二八〇〇円
校長の資格・養成と大学院の役割	小島弘道編著	六八〇〇円
短大ファーストステージ論	高鳥正夫・舘昭編著	二〇〇〇円
短大からコミュニティ・カレッジへ—飛躍する世界の短期高等教育と日本の課題	舘昭編著	二五〇〇円
〔シリーズ大学改革ドキュメント・監修寺崎昌男・絹川正吉〕		
立教大学〈全カリ〉のすべて	全カリの記録編集委員会編	二一〇〇円
ICU〈リベラル・アーツ〉のすべて—リベラル・アーツの再構築	絹川正吉編著	二三八一円
〔講座「21世紀の大学・高等教育を考える」〕		
大学改革の現在〔第1巻〕	有本章・山本眞一編著	三二〇〇円
大学評価の展開〔第2巻〕	山野井敦徳・清水一彦編著	三二〇〇円
学士課程教育の改革〔第3巻〕	絹川正吉・舘昭編著	三二〇〇円
大学院の改革〔第4巻〕	江原武一・馬越徹編著	三二〇〇円